Die Mitgliedsstaaten der Europäischen Union

1 Belgien
2 Dänemark
3 Deutschland
4 Finnland
5 Frankreich
6 Griechenland
7 Großbritannien
8 Irland
9 Italien
10 Luxemburg
11 Niederlande
12 Österreich
13 Portugal
14 Schweden
15 Spanien

Groh · Holler · Berger · Derdak

GIPFELTREFFEN

Das EU-Lesebuch für junge Leute

Illustrationen von
Christian Brandtner

DachsVerlag

BELGIEN

KÖNIGREICH BELGIEN
Royaume de Belgique
Koninkrijk België

Fläche: 30 519 km²
Einwohner: 10,1 Mill.
Hauptstadt: Bruxelles (französisch), Brussel (flämisch) (Brüssel)
Amtssprachen: Niederländisch (Flämisch): 57,7%, Französisch (Wallonisch): 31,8%, Deutsch: 0,7%. Alle drei Sprachen sind als Staatssprachen anerkannt. Die Sprachgrenze zwischen den Flamen im Westen und den Wallonen im Südosten durchzieht das Land in Ost-West-Richtung. Deutsch wird im Osten bei Eupen und Saint-Vith gesprochen. Brüssel ist zweisprachig (Flämisch/Wallonisch).
Religionen: 90% Katholiken, 10% andere, darunter Muslime, Juden und Protestanten.
Nationalfeiertag: 21. Juli - zur Erinnerung an die Eidesleistung König Leopolds I. auf die Verfassung 1931.
Währung: 1 Belgischer Franc = 100 Centimes
Lage: zwischen 49°30′ und 51°30′ n. Br. sowie 2°32′ und 6°24′ ö. L.
Zeitzone: Mitteleuropäische Zeit

Geschichte

57-51 v. Chr.: die keltischen Belgae, von Cäsar unterworfen, gaben dem Land den Namen

5. Jahrhundert: das Gebiet des heutigen Belgien wird Kernstück des Reichs der salischen Franken

843: im Vertrag von Verdun zwischen Westfranken und Ostfranken geteilt

15. Jahrhundert: erst unter burgundischer Herrschaft im 15. Jahrhundert wieder geeint, kam das Gebiet als Erbe Marias von Burgund durch deren Heirat mit Kaiser Maximilian I. an das Haus Habsburg, bei dem es (seit 1555 als Spanische, seit 1714 als Österreichische Niederlande) bis 1793 blieb; dann kam es bis 1814 an Frankreich; auf dem Wiener Kongress wurde es mit den Niederlanden und Luxemburg zum Königreich der Vereinigten Niederlande zusammengeschlossen.

1830: Der Brüsseler Aufstand und die Abwehr der niederländischen Rückeroberungsversuche leiteten die Unabhängigkeit Belgiens ein. Der Nationalkongress erließ 1831 eine parlamentarisch-liberale Verfassung mit Zensuswahlrecht und wählte Leopold I. von Sachsen-Coburg zum König der Belgier (1831 - 1865).
Die Londoner Konferenz von 1831 sanktionierte in den sog. 18 und 24 Artikeln die Unabhängigkeit und garantierte die Neutralität des Landes, die von den Niederlanden jedoch erst im Londoner Vertrag 1839 anerkannt wurden. Die westlichen Teile Luxemburgs und Limburgs kamen zu Belgien

1885: König Leopold II. (1865 - 1909) erwarb als Privatbesitz 1885 den Kongo, der 1908 von Belgien als Kolonie übernommen wurde.

1894: Einführung des abgestuften allgemeinen Wahlrechts 1894. Die Sprachenfrage verlor zunächst an Schärfe durch die Anerkennung des Flämischen als Schul-, Amts- und Gerichtssprache.

1914: Politik der strikten Neutralität konnte im August 1914 Einmarsch und Besetzung durch die Deutschen nicht verhindern. Die deutsche Verwaltung, die sich fast ausschließlich auf die flämische Bewegung (Rat von Flandern) stützte, verschärfte den flämisch-wallonischen Gegensatz erneut.

1919: Im Versailler Vertrag erhielt Belgien die preußischen Kreise Eupen, Malmédy und St.-Vith und in Deutsch-Ostafrika das Mandat über Ruanda und Burundi; die Neutralität wurde aufgehoben und durch eine Militärkonvention mit Frankreich und ein Bündnis mit England ersetzt. 1922/23 beteiligte Belgien sich an der Besetzung des Ruhrgebiets.

1919: Einführung des allgemeinen und gleichen Wahlrechts

1932-1938: in den Sprachengesetzen wurde in den flämischen und wallonischen Gebieten mit Ausnahme Groß-Brüssels die Einsprachigkeit eingeführt

1940: trotz Politik der bewaffneten Neutralität überfiel Hitler im Mai 1940 Belgien; der König geriet bei der Kapitulation in Kriegsgefangenschaft und wurde auf Schloss Laeken interniert, während sich die Regierung nach London ins Exil begab. Die deutsche Militärverwaltung wurde im Juli 1944 durch eine Zivilverwaltung unter einem Reichskommissar (Gauleiter Grohé) abgelöst, die sich auf flämische Nationalisten und die Rexistenbewegung L. Degrelles stützte.

1944: Nach der Landung in der Normandie wurde Belgien im September 1944 befreit und in den Grenzen von 1920 wieder hergestellt. Leopold III., vor allem von den Wallonen als Kollaborateur abgelehnt, ging ins Exil (Königskrise); sein Bruder Charles übernahm die Regentschaft; das Kabinett bildete der Sozialist Achille van Acker.

1948: Mitglied der WEU
1949: Mitglied der NATO
1950: Aufgrund einer Volksabstimmung zurückgerufen, musste Leopold III. wenig später auf sozialistischen Druck hin (Generalstreik) seinem Sohn Baudouin die Regierung überlassen und dankte ab.

1958: Mitglied der Euratom und der EWG. Seit 1958 regierten mit Ausnahme des Sozialisten E. Leburton

(1973/74) nur noch christdemokratische Ministerpräsidenten (J.-L. Dehaene seit 1992) in Koalitionsregierungen unterschiedlicher Zusammensetzung.

1960: Das gewachsene Selbstbewusstsein der Flamen sowie wirtschaftliche Probleme in Wallonien verschärften den Sprachenstreit. 1963 wurden die Sprachgrenzen gesetzlich festgelegt. Trotzdem behielt der Konflikt seine Sprengkraft. Die Volksgruppenparteien konnten bei Parlamentswahlen erhebliche Stimmengewinne erzielen. 1960 gab Belgien dem ehemaligen Belgisch-Kongo und 1962 Ruanda und Burundi die Unabhängigkeit.

1970: Durch eine Verfassungsänderung wurde Belgien in 4 Sprachregionen (Wallonien, Flandern, das zweisprachige Brüssel und ein deutschsprachiges Gebiet im Osten) eingeteilt.

1980: Verfassungsänderung: mit der Einrichtung von regionalen Exekutiven weitere Abkehr von einem zentralisierten Staatswesen.

1984: deutschsprachige Gemeinschaft erhielt eigene politische Vertretung.

1988: Verfassungsänderung: Flandern und Wallonien erhielten volle Autonomie in der Wirtschafts-, Finanz-, Energie-, Umwelt- und Kulturpolitik übertragen. Im Jahr darauf erhielt die Region Brüssel ein eigenes Statut.

1993: weitere Verfassungsänderung bestimmte endgültig den föderalen Status Belgiens.

1993: König Baudouin starb; sein Bruder wurde als Albert II. neuer Regent.

1996: Polizei- und Justizskandale erschüttern das Vertrauen der Öffentlichkeit in die politischen Institutionen.

Politik

Mit der Verfassung von 1831 konstituierte sich Belgien als parlamentarische Monarchie. Verschiedene Verfassungsrevisionen brachten gravierende Änderungen des belgischen Grundgesetzes mit sich. Am 17. 2. 1994 trat eine neue Fassung in Kraft. Danach ist Belgien ein föderaler Staat mit 4 Sprachgebieten, 3 Sprachgemeinschaften und 3 Regionen. Der König hat im Wesentlichen repräsentative Aufgaben. Das Parlament besteht aus 2 Kammern: Abgeordnetenkammer und Senat. Die wichtigsten Parteien sind Christdemokraten, Sozialisten und Liberale.

Kulinarisches

Trotz von Zeit zu Zeit aufflammender Probleme leben in Belgien Flamen (sie sprechen einen holländischen Dialekt) und Wallonen (sie sprechen einen französischen Dialekt) neben- und miteinander. Vom Weltreich der vergangenen Jahrhunderte sieht der Besucher oder die Reisende heute noch viel auf den Gemälden alter Meister. Die Einflüsse der Franken, Spanier, Österreicher und auch aus Übersee tragen dazu bei, dass wir Belgien als etwas ganz Spezielles erleben. Die Grande Place im Zentrum von Brüssel zählt zu den schönsten Plätzen der Welt! Die wunderschönen alten Häuser an ihrem Saum erinnern an einen Setzkasten der edelsten Art.

Außerdem schlägt in Belgien jedes Kinderherz höher, denn hier stand die Wiege der Pommes frites, die hier auch fritje heißen. Angeblich gibt es hier die besten der Welt: außen knusprig und innen saftig. Die Frittierstände bieten außerdem auch Fische, Krabben und pikante Muscheln an. Und von noch einem Vergnügen gibt es zu berichten: die belgischen Pralinen und Waffeln zählen zu den besten der Welt!

Der Chicorée oder *witloof* ist eine belgische Spezialität - als Salat oder als Gemüse.

Schinken und Endivie nach der Art von Frieda
Dafür brauchst du pro Person einen Stamm großen Chicorée und eine Scheibe Schinken (2 - 3mm dick), 4 Esslöffel Butter, Salz und Zitronensaft, 3 Esslöffel Mehl, Pfeffer und 6 Esslöffel Milch, 6 Esslöffel geriebenen Käse.

So „zaubert" Frau Frieda daraus ein Gratin:
*Den Chicorée dünste etwa 20 Minuten in einer flachen Pfanne mit ganz wenig Wasser, Butterflocken, Salz und Zitronensaft.
In der Zwischenzeit schalte das Backrohr ein und bereite vor, was z. B. über vier Stück Chicorée gegossen wird: In einem Pfännchen schmilz die Butter - nimm das Pfännchen vom Herd und rühre Mehl, Milch und Pfeffer ein. Nun kommen noch etwa 3 Esslöffel vom geriebenen Käse dazu. Ist der Chicorée gar, hebe ihn aus der Pfanne, umwickle ihn um seine Mitte mit einer Scheibe Schinken. Schlichte ihn in eine Pfanne und übergieße ihn mit der im Pfännchen kurz aufgekochten Mehl-Milch-Mischung. Bevor Frau Frieda dieses Gratin für 15 Minuten ins heiße Backrohr schiebt, streut sie noch geriebenen Käse darüber.*

Flämische Karotten
*Wenn du vier Esser bekochen willst, brauchst du:
8 - 12 Karotten (je nach Größe) geputzt und in Stifte geschnitten,
4 Esslöffel Butter, Salz, Zucker,
4 Esslöffel Rahm, 2 Eigelb und Zitronensaft.*

*Am besten schmecken die Flämischen Karotten, wenn du sie kurz vor dem Essen zubereitest:
Die Butter in einer Pfanne schmelzen, darin die Karotten etwa 5 Minuten dünsten, bevor noch Salz, Zucker und wenig Wasser dazukommen. Zudecken. Nach weiteren 10 Minuten nimm die Pfanne mit den Karotten vom Feuer und rühre eine Mischung aus Eigelb, Zitrone und Rahm ein. Fertig!*

Als Nachtisch besorge dir köstliche belgische Pralinen - sie sind wirklich ein außergewöhnlicher Genuss. Ihr werdet um die Wette schmelzen - die Pralinen in deinem Mund und du vor Glück ...

TILL NIMMT DIE MENSCHEN BEIM WORT

Es gibt Leute, die nennen Flandern Gottes grüne Tischdecke. So flach, so eben sind die Wiesen, so unendlich weit ist der Blick zum Horizont. Kleine Flüsse und viele Wasserkanäle, die Grachten, durchziehen das Land. Hier und da sitzt ein winziges Dörfchen in der Landschaft wie eine Henne auf ihren Küken. Rundherum liegen bescheidene Äcker und Weiden für Kühe und Schafe.
Größere Städte gibt es natürlich auch, aber der junge Bursche, der in diesem Frühling auf Wanderschaft auszieht, hat noch keine gesehen. Sein Bauernkittel ist aus grobem Stoff, die Holzschuhe hat er um den Hals gehängt. Jetzt, nach dem kalten und feuchten Winter, genießt er es, barfuß über die sandigen Feldwege zu wandern. Ab und zu rastet er unter einem blühenden Haselstrauch. Dann lässt er sich von den Wolken eine Geschichte erzählen. Unermesslich weit ist der riesige Himmel über dem ebenen Land. Und auch heute, wo doch die Sonne lacht, ziehen beständig Wolken vom Meer her nach Osten. Die Wolken verändern ununterbrochen ihre Gestalt. Der Bursche, der hinaufstarrt, hat so sein eigenes Bilderbuch.

Am elterlichen Hof, eigentlich einer ärmlichen Kate, hat er keinen Platz mehr. Denn nach dem Tod des Vaters und zuletzt der Mutter müssen drei ältere Brüder ihr Auskommen finden. Der Jüngste wollte ohnehin hinaus in die große Welt. Das bedachte wohl die Mutter auf dem Totenbett, als sie ihm auftrug: „Wenn du in die Welt gehst, dann versprich mir, dass du immer genau tun wirst, was man dir sagt. Achte auf jedes Wort. Und wer etwas von dir will, dem begegne mit Aufmerksamkeit und immer mit der Wahrheit. Versprich es mir, Till, dann wirst du es im Leben zu Ansehen bringen. Und nun, mein Sohn, sag mir zum Abschied etwas Süßes." Der Bursche am Bett der Mutter dachte kurz nach. „Honig", sagte er schließlich, „Honig ist etwas Süßes, Mutter."
Die Frau starb mit einem Lächeln im Gesicht. Und im Bewusstsein, dass ihr jüngster Sohn, Till Ulenspiegel, sie verstanden hatte.

Till wanderte durch das Flandrische Land. Und er hielt sich, so gut es ging, an das Wort der Mutter. Die Menschen, denen er begegnete, hatten aber dafür oft nur sehr wenig Verständnis. Wie jener Bäckermeister, bei dem er sich in der Stadt als Gehilfe verdingte. Till war wieder einmal das Geld knapp geworden, und so war er heilfroh, beim Bäcker Unterschlupf zu finden. Als Gehilfe hatte er nun kostenloses Essen und eine Unterkunft, damit war er schon zwei Sorgen los. Das Bäckerhandwerk war für Till eine völlig neue Arbeit, aber er stellte sich sehr geschickt an, und der Meister lobte ihn. Schon nach einigen Tagen ließ ihn der Bäcker, der meinte, einen richtigen Bäckergesellen vor sich zu haben, allein in der Backstube arbeiten. „Übernimm du heut die Arbeit, Till", sagte er, „ich muss einiges besorgen. Abends bin ich wieder zurück. Pass nur gut auf, dass dir beim Backen nichts anbrennt."

Das älteste Bild des Schalksnarren Tyll Eulenspiegel.

„Aber was soll ich denn backen, Meister?", fragte Till.
„Das ist ein Schalk, fragt mich, was er backen soll", murmelte der Mann. Dann sagte er laut: „Meinetwegen Eulen und Meerkatzen!" Und er ging.
Die Arbeit war anfangs gar nicht einfach. Die Eulen gingen Till leicht von der Hand, aber mit den Meerkatzen, also den Affen, hatte er sein Problem. So sehr er sich auch bemühte, sie sahen immer eher Katzen ähnlich als Affen. Unverdrossen formte Till Eulen und Meerkatzen aus dem Brotteig. Als der Bäcker abends heimkam, hatte Till die fertigen Gebäcke dekorativ in der ganzen Backstube aufgestellt. Mit einem breiten Lächeln erwartete er das Lob des Meisters. Der sah sich um. Er rieb sich die Augen. Dann bekam er einen Wutanfall. Er packte Till beim Kragen und schüttelte ihn: „Was zum Teufel hast du gebacken, Nichtsnutz?"
Noch am selben Abend musste Till aus dem Haus. Für den verdorbenen Teig ließ ihn der Bäcker bezahlen, und so musste er ohne eine einzige Münze auf die Straße. Die Eulen und Meerkatzen allerdings durfte er mitnehmen. „Kein Mensch kann dieses Zeug brauchen", hatte der Bäcker gesagt. Und gleich darauf wieder gejammert: „Mein gutes Mehl!"
Am Morgen des nächsten Tages stellte sich Till Ulenspiegel auf den Markt und bot seine Eulen und Meerkatzen als besondere Köstlichkeiten zum Verkauf an. Sie fanden reißenden Absatz, denn jeder wollte eine der Teigfiguren für seine Kinder kaufen. Für Till ist die Sache schließlich gut ausgegangen, denn letzten Endes hatte er mehr Geld in Tasche, als der Bäcker mit seinen Broten verdient hätte. Dennoch machte er sich noch am selben Tag auf den Weg, weiter durch das Flandrische Land.

Ob Till Ulenspiegel, oder Eulenspiegel, wie er auch genannt wird, je gelebt hat, und wenn, wo, ist nicht bekannt. Aber ganz sicher ist er eine der bekanntesten Figuren der Literatur und hat seit Jahrhunderten die Menschen zum Lachen, aber auch zum Nachdenken gebracht. Schon im Jahr 1515 war in Straßburg ein Volksbuch mit den Geschichten über einen gewissen Ulenspiegels gedruckt worden. Dyl hieß er mit Vornamen, später auch Dil oder Till. Er soll ein Bauernjunge gewesen sein, der mit seinen Streichen die Menschen in früherer Zeit gehörig foppte. Till hat angeblich nie ein Handwerk erlernt und bringt überhaupt wenig zu Ende. Er liebt das Wandern, das Umherziehen, das Reisen.

Im neunzehnten Jahrhundert hat der belgische Schriftsteller Charles Théodore Henri de Coster die Geschichten von „Tyll Ulenspiegel" in französischer Sprache neu geschrieben. Die Sammlung von „fröhlichen und glorreichen Abenteuern im Lande Flandern und anderwärts" in Romanform ist ein international berühmtes Buch geworden. De Coster hat auch den Freiheitskampf der Flamen, den der so genannten Geusen, gegen die Spanische Herrschaft im sechzehnten Jahrhundert in seine Geschichten vom Ulenspiegel eingebunden. Bei ihm wird Till ein politisch engagierter Mensch, der die Grausamkeiten, die dem flämischen Volk im Namen des spanischen Königs angetan wurden, bitter rächen will. Auch andere bedeutende Schriftsteller haben den Mythos Till Eulenspiegel immer wieder benutzt.

Eulenspiegel, der traditionell, aber historisch unrichtig, immer mit der Narrenkappe und den Schellen abgebildet wird, ist eigentlich mehr als nur eine witzige Sagenfigur. Er stellt das Prinzip des einfachen Menschen dar, der sich gegen aufgeblasene Obrigkeiten, gegen wichtig tuende Hohlschwätzer, gegen falsche Autoritäten dadurch zur Wehr setzt, dass er sie einfach beim Wort nimmt. So steckt hinter diesem volkstümlichen Schalksnarren eine noch viel ältere, weise Figur. Die eines großen Philosophen.

Marc de Bel und Mie Buur

Die Buhbuks und die Zuckerspinne

Die Müllkippe bot einen festlichen Anblick. Die untergehende Sonne glitzerte orangerot in den unzähligen Regentropfen, die ein kräftiger, sommerlicher Schauer auf dem frisch abgeladenen Gerümpel zurückgelassen hatte. Den Silbermöwen lief das Wasser im Schnabel zusammen. Nur ein paar schraubten sich in anmutigen Bögen hinab. Die meisten tauchten im Sturzflug nach unten und verschwanden hungrig zwischen den aufgeweichten Pappkartons und rostigen Fässern. Sie hofften, noch schnell einen Leckerbissen zu ergattern, ehe die Ratten aus ihren Löchern krochen. Einer der Vögel landete neben einem Karton, aus dem ein zähflüssiger Brei gelaufen war. Das Tier pickte ein paar Mal prüfend in den unappetitlichen Matsch und fischte dann ein glitschiges Stück heraus. Die Möwe merkte nicht, wie hinter ihrem Rücken zwei umgedrehte Blumentöpfe kichernd näher schlichen. Auch nicht, wie sich eine Colabüchse kurz bewegte ...
„Habuh!!"
Die Silbermöwe ließ vor Schreck ihre glitschige Beute fallen. Die Wäscheklammer traf sie direkt am Kopf. Genau in dem Augenblick, als jemand einen Meter hinter ihr zwei Büchsendeckel mit voller Kraft zusammenschlug.
„Tschinggg!!!"
Die Möwenschar flog erschreckt auf.
„Ratten! Ratten!", kreischten sie im Chor.
„Ratten?! Wir sind keine Ratten, ihr Geier!", rief Piepel entrüstet.
„Wir sind Buhbuks, zum Kötel noch mal!", schrie Susa böse.
Um ihren Worten Nachdruck zu verleihen, knallte sie die Büchsendeckel noch einmal kräftig zusammen und schleuderte einen alten Füller nach einem der Vögel. Doch der Speer verfehlte sein Ziel.
„Heh, komm mal her, Susa!" Piepel winkte. „Hier sitzen ein paar Kellerasseln."
Er kippte das morsche Brett um. Die Kellerasseln flohen in alle Richtungen.
„Du musst sie auf den Rücken, drehen, Piep." Susa kicherte. „Dann kommen sie nicht mehr hoch." Sie ließ ihren Worten gleich die Tat folgen. Die arme Kellerassel zappelte verzweifelt mit ihren vierzehn Beinen in der Luft.
„Heh, dieser Idiot hier hat sich zu einer Kugel zusammengerollt!", rief Piepel. „Na, auch gut ..."
Er packte die Kugel mit beiden Vorderpfoten, warf sie hoch in die Luft und kickte sie weg. Die Kellerasselkanonenkugel sauste über Susas Kopf, knallte gegen einen

Karton und rollte schließlich unter eine rostige Wellblechplatte.
„Guter Schuss, Bruder", lobte Susa.
„Ich frage mich, was in diesem Karton wohl drin ist", überlegte Piepel laut.
Er schnupperte.
„Nichts Leckeres jedenfalls, soweit ich riechen kann."
Er hob den Deckel hoch.
„Habuh!", rief er freudig überrascht. „Guck mal, Susa!" Der Karton war bis zum Rand gefüllt mit bunten Puppenkleidern.
Piepel zog sofort ein rotes T-Shirt an. Und eine verschlissene Jeanshose.
Er fand auch noch zwei Turnschuhe, einen roten und einen schwarzen. Susa durchwühlte den Karton nach den anderen beiden, doch sie waren nirgends zu finden.
„Bekomme ich auch einen, Piep?", fragte sie, während sie sich ein gelbes T-Shirt mit kleinen, grünen Streifen über den Kopf zog.
„Nein", antwortete der Finder. „Was hast du von einem Schuh? Außerdem sind sie mir zu klein. Heh, was ist das denn? Sieht aus wie ein Schmetterling."
Er warf die rote Schleife in die Luft. Der „Schmetterling" flatterte steif nach unten und landete genau auf Susas Kopf.
„Haha! Steht dir prima, Susa! Warte mal …"
Piepel verschwand zwischen den Kartons, während Susa sich in eine grüne Hose mit großen, rosa Punkten zwängte. Zum Glück war der Stoff elastisch.
„Na", fragte Piepel, „wie findest du dich?"
Er hielt Susa eine Spiegelscherbe vors Gesicht.
„Nicht schlecht", fand Susa.
Sie rückte die Schleife zwischen ihren Ohren zurecht.
„So, Schluss jetzt, du bist schön genug!"
Piepel drückte seiner Schwester den Spiegel in die Pfote, setzte sich den Fingerhut, den er gerade gefunden hatte, auf den Kopf und schnitt sich selbst im Spiegel die verrücktesten Grimassen.
„Alberner Kötel." Susa lachte.
Dann stieß sie den Spiegel unsanft gegen Piepels Nase.
„Los, komm", sagte sie. „Lass uns lieber gucken, ob wir noch was Hübsches finden."
„Pfff!" Piepel schnaubte. „Hier liegt ja doch nichts mehr. Dafür müssten wir schon auf die andere Seite der Müllkippe gehen. Da liegen die meisten und schönsten Sachen."
Er nahm den Fingerhut ab und versetzte dem Ding einen wütenden Tritt.
Die Kopfbedeckung flog in einen Karton mit vergilbten Zeitungen.
„Schon möglich", gab Susa zu. „Aber du weißt genau, dass wir nicht so weit gehen dürfen."

„Ist mir doch piepegal", brummte Piepel. „Außerdem, warum eigentlich nicht? Ich glaub keinen Kötel von Oma Gnolias berühmter Monstergeschichte. Du doch auch nicht, Susa!"
„Nein, aber ..."
„Komm schon, Susa! So eine Abschreckgeschichte ist gut für grasgrüne Kötelchen. Denen kann man alles weismachen. Aber wir sind doch schon viel zu groß, um diesen Unsinn noch zu glauben. Mir fällt es jedes Mal schwerer, nicht loszuprusten, wenn Oma mit ihrer Monstergeschichte ankommt."
„Tja, ich könnte mich auch kaputtlachen bei der Geschichte." Susa lächelte etwas unsicher. „Aber vielleicht will Oma uns ja auch nur warnen vor ..."
„Hört gut zu, Kinder!", ahmte er Omas Stimme nach. „Geht nicht zu weit auf die Müllkippe! Denn auf der anderen Seite wohnt das schreckliche Müllmonster! Ich hab es mit eigenen Augen gesehen! In einer Vollmondnacht. Unter dem wilden Kirschbaum. Ich werde es nie vergessen! Es ist ein abscheuliches Tier! Mit großen, rollenden Glubschaugen und drei spitzen Hörnern auf seinem hässlich Kopf! Und ganz vielen Stacheln, Pickeln und Warzen. Und einem riesigen Maul, groß genug, um Kötel wie euch mit einem Biss zu verschlingen! Und dann leuchtet es auch noch in allen Farben des Regenbogens!"
„Hahaha! Du bist echt zu Piepen, Piep!" Susa hielt sich den Bauch vor Lachen. „Du kannst Oma wirklich toll nachmachen!"

Die Buhbuks sind kleine, glühwürmchengelbgrüne Tierchen, die sich dort besonders wohlfühlen, wo es nach menschlichem Dafürhalten stinkt - etwa auf Müllhalden.
Diese phantastisch-witzige Geschichte erzählt von den Abenteuern der Buhbuk-Kinder in der „verbotenen" - weil gefährlichen - Welt.

DÄNEMARK

KÖNIGREICH DÄNEMARK
Kongeriget Danmark

Fläche: 43 077 km²
Einwohner: 5,2 Mill.
Hauptstadt: København (Kopenhagen)
Amtssprache: Dänisch
Religion: überwiegend evangelisch (Augsburger Bekenntnis)
Nationalfeiertag: 5. Juni - zur Erinnerung an die Einführung des demokratischen Grundgesetzes 1849.
Währung: 1 Dänische Krone = 100 Öre
Lage: zwischen 54°34' und 57°45' n. Br. sowie 8°05' und 12°35' (Bornholm 15°12') ö. L.
Zeitzone: Mitteleuropäische Zeit

Geschichte

6. Jh. v. Chr.: Germanische Besiedelung schon in vorgeschichtlicher Zeit; die Dänen sind erst seit dem 6. Jahrhundert v. Chr. geschichtlich nachzuweisen. Ihre ursprüngliche Heimat war nach heute vorherrschender Meinung das südliche Schweden, von wo aus sie sich allmählich über die Inseln und nach Jütland ausbreiteten.

800: zunächst von Teilkönigen regiert, von denen Göttrik um 800 die erste Befestigungsanlage (Danewerk) südlich der Schlei zur Abwehr der Franken errichtete.

10. Jahrhundert: erste staatliche Zusammenfassung unter den Königen Gorm und Harald Blauzahn; Harald nahm das Christentum an und förderte die von Süden kommende christliche Missionierung.

11. Jahrhundert: Zeit ausgreifender dänischer Wikingerzüge im Nordseeraum. König Sven Gabelbart eroberte England; Knut der Große (1018 - 1035) beherrschte ein dänisches Nordseereich (Dänemark, Norwegen, England, Schottland), das nach seinem Tod jedoch wieder zerfiel.

12./13. Jahrhundert: König Waldemar der Große (1157 - 1182) erneuerte das Reich und überwand die Slawengefahr. Seine Nachfolger Knut VI. (1182 - 1202) und Waldemar II. (1202 - 1241) schufen ein dänisches Ostseereich, das außer Holstein,

Hamburg und Lübeck auch Mecklenburg, Pommern, Rügen und Estland umfasste, aber nach der Schlacht von Bornhöved (1227) auseinander brach.

14./15. Jahrhundert: erneute Auflösung des Reichs wurde durch Waldemar IV. Atterdag (1340 - 1375) beendet; seine Tochter Margarete gründete 1397 die Union aller drei Reiche des Nordens; ihr Großneffe und Erbe König Erich von Pommern geriet jedoch in Konflikt mit der Hanse, Schweden, den holsteinischen Grafen und dem einheimischen Adel, verlor Norwegen und Schweden und wurde 1439 aus Dänemark vertrieben. Christian I. (1448 - 1481) erlangte noch einmal die Regentschaft über alle drei Reiche.

16. Jahrhundert: sein Enkel Christian II. (1513 - 1523) büßte Schweden und den dänischen Thron ein. 1523 wurde sein Onkel, Herzog Friedrich von Schleswig-Holstein, zum König gewählt. Dessen Sohn Christian III. führte 1536 durch einen Staatsstreich den Protestantismus ein.

17. Jahrhundert: Teilnahme am Dreißigjährigen Krieg, 1626 besiegt. In der Folgezeit geriet Dänemark immer mehr in Gegensatz zu Schweden, das zur beherrschenden Macht in Nordeuropa und im Ostseeraum aufstieg; so ging 1658 der gesamte Besitz auf der skandinavischen Halbinsel, Schonen, Blekinge, Halland und das zu Norwegen gehörige Bohuslän, an Schweden verloren. Daraufhin wurde die Macht der Stände beseitigt.

1660: Einführung des Erbkönigtums, 1665 wurde der Absolutismus urkundlich festgelegt (Königsgesetz)

18. Jahrhundert: Der dänische Gesamtstaat, der von Island und vom Nordkap bis zur Elbe reichte, hielt sich von allen Kontinentalkriegen fern und widmete sich vor allem inneren Reformen (Agrarreform, Bauernbefreiung).

1807: nach dem Überfall der britischen Flotte auf Kopenhagen schloss sich Dänemark Frankreich an und musste dafür 1814 den Verlust Norwegens hinnehmen.

1815: der dänische König Frederik VI. wurde für Holstein und das neu erworbene Herzogtum Lauenburg Mitglied des Deutschen Bundes, das mit Holstein verbundene Schleswig blieb außerhalb des Bundes.

1830: Die politische Entwicklung wurde seit 1830 immer mehr durch die liberale Opposition und durch den nationalen Gegensatz zwischen Deutschen und Dänen beeinflusst. Die Erhebung der deutschen Schleswig-Holsteiner gegen die Gefahr der Einverleibung Schleswigs durch Dänemark führte im März 1848 zu einem fast dreijährigen Krieg.

1849: liberale Verfassung

1863: Grundgesetz von 1863 führte zu Konflikt mit den beiden deutschen Vormächten Österreich und Preußen und zum Krieg von 1864; im Wiener Frieden 1864 musste Dänemark die drei Herzogtümer Schleswig, Holstein und Lauenburg an die Sieger abtreten, der dänische Gesamtstaat war damit zerfallen. Gegenüber den europäischen Mächten folgte Dänemark seitdem dem Grundsatz der Neutralität.

1900: Liberale und Sozialdemokraten setzten sich immer mehr durch.

1915: demokratisches Grundgesetz

1919: Versailler Vertrag sah eine Volksabstimmung in Nordschleswig und Teilen Mittelschleswigs vor; sie brachte 1920 Nordschleswig eine dänische Mehrheit, sodass die Südgrenze der ersten Abstimmungszone nördlich von Flensburg und südlich von Tondern zur Grenze zwischen Dänemark und Deutschland wurde, wobei eine deutsche Minderheit im dänischen Nordschleswig, eine dänische Minderheit bei Deutschland verblieb.

1940-1945: die Besetzung Dänemarks durch deutsche Truppen löste besonders seit 1943 Widerstand in weiten Kreisen des dänischen Volks aus.

1944: Island löste die Personalunion mit Dänemark.

1953: die Verfassungsänderung sicherte der ältesten Tochter Frederiks IX. († 1972), Margarete II., die Thronfolge und beseitigte das Landsting (erste Kammer); seitdem ist das Folketing das einzige Parlament. Dänemark war an der Gründung der UNO beteiligt, ist Mitglied des Europarats und der NATO und steht durch den Nordischen Rat in enger Fühlung mit den anderen Staaten Nordeuropas.

1955: Dänemark und die Bundesrepublik Deutschland unterzeichneten die „Grundsatzerklärungen" über die Rechte der beiderseitigen nationalen Minderheiten.

1972: Beitritt zur EG

1979: dem zu Dänemark gehörigen Grönland wurde Autonomie zugestanden.

1993: P. N. Rasmussen wurde Ministerpräsident einer von den Sozialdemokraten geführten Koalitionsregierung. Nach den Wahlen 1994 setzte Rasmussen die Koalition ohne die Christliche Volkspartei fort.

POLITIK

Dänemark ist eine konstitutionelle Monarchie. Der König hat als Staatsoberhaupt in erster Linie repräsentative Aufgaben. Das Parlament, das Folketing, wird in allgemeiner, gleicher und geheimer Wahl gewählt. Ein Drittel der Abgeordneten kann gegen ein im Folketing mit Mehrheit beschlossenes Gesetz eine Volksabstimmung herbeiführen. Die größte Partei des Landes ist die Sozialdemokratische Partei. Die Konservative Volkspartei strebt neben der Erhaltung der derzeitigen Eigentumsverhältnisse eine Absicherung der sozial Schwächeren durch den Staat an. Die Liberale Partei (Venstre) fordert eine möglichst freie Marktwirtschaft ohne regulierende Eingriffe des Staates. Die Sozialliberale Partei (Radikale Venstre) befürwortet eine Einschränkung der Militärausgaben zugunsten einer stärkeren sozialen Absicherung des Einzelnen. Die Fortschrittspartei verlangt eine weitgehende Einschränkung aller staatlichen Tätigkeit. Die Sozialistische Volkspartei strebt den Sozialismus auf parlamentarisch-demokratischer Basis an.

KULINARISCHES

Das Land, in dem Hans Christian Andersen geboren wurde, breitet sich auf etwa 500 Inseln aus. Seine höchste Erhebung ist 173 m hoch. In Helsingör, dort, wo Shakespeares Prinz Hamlet übers Sein und Nichtsein nachdenkt, gibt es heute ein beliebtes Rock- und Popfestival. Im Hafen der Hauptstadt Kopenhagen (was so viel heißt wie „der Hafen der Kaufleute") sitzt seit 1913 eine kleine Meerjungfrau auf einem Stein und sieht in die Ferne.

Nicht nur für Kinder ist der Tivoli am alten Wall eine Reise wert. Der Tivoli ist der größte Vergnügungspark im Norden Europas! Und da tut sich was - das musst du gesehen haben!

Schließlich ist Dänemark ein Schlaraffenland der Kuchen und Torten, mit Obst- und Buttercreme, mit Pudding und Marzipan gefüllt. Ein köstliches, knuspriges Plundergebäck (geschichteter Hefeteig mit reichlich Butter drin) heißt in Deutschland „Kopenhagener", und in Dänemark bestellt man das Gleiche unter dem Namen *wienerbröd*, also „Wiener Brot". Ganz besonders gerne essen die Dänen *smörrebröd* (wörtlich übersetzt: Butterbrot). Auf einem *smörrebrödssedde!* kreuzen sie an, welches Brötchen sie mögen, und eine „kalte Jungfer" (eine Kellnerin im weißen Dress) bringt es an den Tisch. Es ist schwierig zu beschreiben, was alles auf einem

Smörrebröd

drauf sein kann: Die Unterlage bildet Butter, und dann geht's erst richtig los:
- *kleine Shrimps, ordentlich arrangiert auf einem Salatblättchen oder*
- *Scheiben von hart gekochten Eiern mit Tomate und Zwiebelring oder*
- *auf einer dünnen Gurkenscheibe thront ein Stück Sardine mit frisch gehacktem Rettich oder*
- *Leberpastete mit Gurkenwürfeln und Dille oder*
- *Schinkenscheiben mit Spargelstücken auf Mayonnaise oder*
- *Roastbeef mit Kresse und Champignonvierteln oder*
- *dänischer Blauschimmelkäse auf einem Stückchen Chicorée oder*
- *auf einem Salatblatt mit Mayonnaisetupfer kugeln Kaviarperlen um die Wette oder*
- *Räucherlachs mit einem Klecks Rührei und Radieschenraspel oder*
- *Salamischeibchen mit Zwiebelringen oder ...*
Weißt du allmählich wie verlockend das Angebot an *smörrebröd* ist?

Nicht weniger verlockend ist eine Nachspeise, die in Dänemark als

Rödgröd med Flöde

„erfunden" wurde und jetzt als „Rote Grütze" nicht nur in Norddeutschland äußerst beliebt ist.

*Was brauchst du dazu?
Rote Früchte entsprechend dem Angebot auf dem Markt: Himbeeren, schwarze und rote Johannisbeeren, Weichseln, Kirschen, Brombeeren, Preiselbeeren, Heidelbeeren - gibt's noch andere?
Speisestärke und Milch oder Sahne nach Bedarf.*

*So wird's etwa zwei Stunden vor dem Servieren gemacht: 2/3 der Früchte werden mit wenig Speisestärke kurz aufgekocht und kalt gestellt. Dann die restlichen Früchte vorsichtig einmischen und in Suppentellern oder Schalen anrichten. Zum Schluss kommt ein Schuss kalter Milch oder flüssiger Sahne drüber.
Hmmm!*

EINE PARTY FÜR HANS CHRISTIAN

Die Aprilnacht ist kühl, der Himmel sternenklar. Jetzt, kurz nach Mitternacht, ist die Hafenpromenade von Kopenhagen menschenleer. Von Ruhe kann dennoch keine Rede sein, denn es herrscht gespenstisches Treiben. Den ganzen Tag schon sind Besucher hier am Uferrand gestanden - Schulkinder aus Dänemark, junge Rucksacktouristen aus den USA, Reisegruppen aus Japan. Bewaffnet mit Foto- und Videokameras haben sie sich gedrängt, um die berühmteste Frau Dänemarks anzuschauen und zu fotografieren: Es ist die Broncefigur eines nackten jungen Mädchens, das auf einem Stein sitzt und traurig aufs Meer hinausschaut. Die kleine Seejungfrau, so heißt sie, ist an den Trubel gewöhnt. Selbst die Jugendlichen, die zu ihr hinaufklettern und ihr einen Kuss auf die broncenen Lippen drücken, weil das Glück bringen soll, stören sie nicht.

Mit Einbruch der Dunkelheit ist es stiller geworden. Eine Zeit lang war nur das Rauschen der ruhigen See zu hören, bis dann plötzlich, mitten in der Nacht, neue Besucher gekommen sind. Merkwürdige Gestalten, die scheinbar aus dem Nichts aufgetaucht sind, feiern hier eine fröhliche Party. Manche wispern und kichern miteinander, andere führen Selbstgespräche, alle aber suchen die Nähe des schönen jungen Mädchens, das unverrückbar an seinem Platz sitzt. Als aber plötzlich mit „Rap, rap!" ein junger Wasservogel über die Steine watschelt, tönt ein spitzer Protestschrei durch die Nacht. „Pass doch auf, wo du hinsteigst, du hässliches Entlein!", ruft ein winzig kleines Mädchen, nicht größer als eine Daumenlänge.

„Hab dich nicht so, Däumelinchen", schnattert das hässliche Entlein, „dir geschieht nichts. Ich suche den Kaiser. Wo ist er?" Däumelinchen beginnt laut zu lachen: „Er steht am Ufer und betrachtet sein Spiegelbild im Wasser, weil er sehen will, ob ihm die neuen Kleider stehen. Ich hoffe, er bekommt keine Erkältung! Er hat, wie immer, nur seine Unterwäsche an." Ein prächtig gekleidetes Fräulein, offenbar eine Prinzessin, klagt: „Sagt, könnt ihr nicht ein bisschen Rücksicht nehmen? Ich habe ohnehin die ganze Nacht kein Auge zutun können. Und dann hätte mich vorhin beinahe dieser fliegende Koffer niedergestoßen, und jetzt macht ihr solchen Lärm! Meine armen Nerven! Es ist wahrhaft entsetzlich!" Mit den Fingerspitzen beider Hände massiert die Prinzessin ihre Schläfen. Das winzige Mädchen und das Entlein tauschen viel sagende Blicke. „Die Erbsenprinzessin macht mich noch krank", seufzt das Tier. „Wenn du mich suchst, ich bin beim Schweinehirten. Dort ist wenigstens Ruhe." Das Entlein dreht sich um und stolpert über ein glänzendes Paar roter Schuhe, das, wie von unsichtbaren Füßen bewegt, einen wilden Tanz hinlegt. „Rap, rap!", ruft die Ente zornig, „fort mit euch, rastloses Lederwerk!" Ein Raunen geht durch die Anwesenden. Mit einem Ruck bleiben die roten Schuhe stehen, auch das Tier hält den Schnabel. Alle blicken zur broncenen Figur, alle haben es gesehen: Sie hat sich bewegt!

Die kleine Seejungfrau wendet den Kopf und lächelt die illustre Runde freundlich an: „Aber, aber, Freunde, ihr solltet euch vertragen. Schließlich sind wir doch Geschwister. Außerdem haben wir uns getroffen, um seinen Geburtstag zu feiern. Vergessen?"

Am 2. April des Jahres 1805 wurde in der Stadt Odense auf der dänischen Insel Fügen Hans Christian Andersen geboren.
Seine Eltern waren bitterarm, ihre Wohnung so klein, dass die einzige Stube nicht nur Kinderzimmer, sondern auch die Schuhmacherwerkstatt des Vaters war. Von der winzigen Küche aus kam man über eine Leiter auf den Dachboden. Von dort gelangte man zur Dachrinne. Da hinein stellte die Mutter im Sommer Holzkästchen mit Erde, in denen sie Schnittlauch und Petersilie anbaute. „Das war der ganze Garten meiner Mutter", erzählte Andersen viele Jahre später.
Als Hans Christian vierzehn Jahre alt war, sagte ihm eine weise Frau die Zukunft voraus. Er würde einmal, so prophezeite sie, ein großer Mann werden, so berühmt, dass die Stadt Odense ihm zu Ehren beleuchtet würde. Was normalerweise nur im Märchen klappt, wurde wahr: Noch zu seinen Lebzeiten wurde Hans Christian Andersen ein berühmter Dichter, dessen Werke in viele Sprachen übersetzt wurden. Er wurde geachtet und verehrt, war bei großen europäischen Königshäusern zu Gast, und er wurde Ehrenbürger seiner Geburtsstadt Odense. Dass er all das geschafft hat, ist geradezu ein Wunder. Denn gute Voraussetzungen zum Groß- und Berühmtwerden hat der lange, schlaksige Vierzehnjährige beileibe nicht. Seine Bildung ist mangelhaft, er besitzt kein Geld und ist auch nicht mit Schönheit gesegnet. Sein Vater ist drei Jahre zuvor gestorben, die Familie ist arm und auch nicht besonders angesehen. Der Großvater gilt als verrückt, die Mutter kann das ärmliche Leben nur schlecht ertragen und hat zu trinken begonnen. Hans Christian muss die Armenschule besuchen. Die Lateinschule könnte er leicht schaffen, aber die Mutter hat zu wenig Geld.

Der junge Andersen ist nicht glücklich, aber er findet einen Weg, um mit seinem traurigen Alltag fertig zu werden. Er flüchtet in das Reich der Phantasie und lässt sich verzaubern, er träumt sich in eine andere Welt. Hans Christian liest gerne. Er liest alle Bücher, die er bekommen kann. Und er spielt mit Puppen, die der Vater früher für ihn gemacht hat. Auch aus Papier schneidet er Figuren, macht sie zu seinen Spielgefährten und zu seiner Schauspieltruppe, die für ihn spielt. Eine Pfarrersfrau aus der Nachbarschaft borgt ihm ein Buch mit Stücken von Shakespeare. Er liest sie und führt sie danach in seinem Puppentheater auf. Ein einsames Kind, das jeden Nachmittag daheim sitzt, singt und Texte spricht und seine Puppen tanzen lässt. Von Zeit zu Zeit bittet er die Plakatverteiler des Theaters von Odense um Programme, damit er sehen kann, was auf der großen Bühne gespielt wird. Eine Theaterkarte könnte er sich niemals leisten. Als das Königliche Theater Kopenhagen ein Gastspiel in Odense gibt, erbarmt sich ein Plakatverteiler des Jungen und verhilft ihm zu einer Statisten-

rolle. Zum ersten Mal darf Hans Christian Andersen das „richtige" Theater erleben. Die schillernde, bunte Theaterwelt begeistert ihn und nimmt ihn gefangen. Von nun an ist es für ihn klar: er muss zum Theater.
Aber er soll das Schneiderhandwerk lernen.
Er hingegen will nach Kopenhagen gehen. „Was soll dort aus dir werden?", fragt die Mutter. Er antwortet: „Ich will berühmt werden." Und dann erzählt er der Mutter von den vielen Geschichten, die er über berühmte Männer gelesen hat, die, genau so wie er, arm geboren waren. „Man macht zuerst so grässlich viel Böses durch – und dann wird man berühmt!"
Die Menschen in Odense schlagen die Hände über dem Kopf zusammen. Wie kann eine Frau nur so einfältig sein! Ihren vierzehnjährigen Sohn, ein Kind noch, allein nach Kopenhagen reisen zu lassen. Ohne Geld, ohne Hilfe, ohne Unterkunft, ohne Zukunft! Aber die Mutter lässt ihn ziehen. Sie sagt nur: „Wenn er Angst bekommt und umkehrt, muss er in die Schneiderlehre."

Hans Christian hat oft Angst. In Kopenhagen ist er hungrig, verzweifelt, verlassen und allein. Oft friert er. Aber er gibt nicht auf. Er kennt niemanden in Kopenhagen, und doch findet er Menschen, die an ihn glauben und ihn unterstützen. Er versucht sich als Sänger, als Schauspieler und als Tänzer. Nirgends hat er Erfolg. Aber zum Theater muss er, davon kann ihn niemand abbringen. Also will er Theaterdichter werden. Er schreibt an einen bekannten Kopenhagener Dichter. Der Brief strotzt von Rechtschreibfehlern. Aber der Junge hat Talent, das kann man sehen. Der Dichter findet einige Gönner. Sie bieten dem nun Sechzehnjährigen an, seine Ausbildung zu bezahlen. Und Hans Christian willigt ein. Er muss wieder auf die Schulbank zurück. Seine Bildung ist so mangelhaft, dass er in die zweite Klasse der Lateinschule eingestuft wird. Als fast Erwachsener sitzt er unter Kindern. Er schämt sich. Grobe Worte seiner Lehrer verletzen ihn zutiefst. Oft ist er nahe daran, aufzugeben, aber letztlich hält er doch durch. Andersen wird ein mustergültiger Schüler.
Vierundzwanzig Jahre ist er alt, als er das

letzte Examen bestanden hat. Nun kann ihn nichts mehr bremsen.

Mit Feuereifer beginnt er zu schreiben: Gedichte, Romane, Theaterstücke, Reiseberichte. Und schließlich jene Art von Dichtung, die ihn wirklich berühmt machen wird - die Märchen. Hier kann er seiner Phantasie freien Lauf lassen.

Er kann sich Geschichten ausdenken und erzählen. Und zwar faszinierend und zauberhaft. 1835, im Alter von dreißig Jahren, gelingt ihm der Durchbruch. Weit über die Grenzen Dänemarks hinaus sind Alt und Jung von seinen wunderschönen Geschichten begeistert.

Über hundertfünfzig Märchen hat Hans Christian Andersen geschrieben. Und in allen Geschichten ist ein Stück von ihm selbst enthalten:

Er war sehr arm und oft hungrig, wie das kleine Mädchen mit den Schwefelhölzchen. Er war nicht besonders hübsch, so wie das hässliche Entlein, das erst langsam zum schönen Schwan wird. Er war sensibel und empfindlich - ein kleines bisschen wie seine Prinzessin auf der Erbse. Und er war sehr oft unglücklich verliebt - so wie die kleine Seejungfrau.

Als Andersen 62 Jahre alt ist, wird ihm zu Ehren, so wie es ihm prophezeit worden ist, seine Heimatstadt Odense beleuchtet. Am 4. August 1875 stirbt Hans Christian Andersen in Kopenhagen als berühmter und angesehener Dichter. Seine Erzählungen sind als Theaterstücke aufgeführt und viele dutzende Male verfilmt worden. Seine Märchenfiguren sind bis heute auf der ganzen Welt bekannt.

Und dass sie sich jedes Jahr an seinem Geburtstag beim Wahrzeichen Kopenhagens, bei der kleinen Seejungfrau, treffen, um ihren Meister zu feiern, ist vielleicht auch nur eine schöne Geschichte. Aber Millionen von Kindern und Erwachsenen, die den Dichter Hans Christian Andersen lieben, wird sie wohl gefallen.

Cecil Bødker

SILAS

Silas entdeckte ein Nest mit vier Eiern, die er ohne Bedenken ausschlürfte.
Fast hatte er das Dorf hinter sich gebracht, als er plötzlich das Gefühl hatte, es verfolge ihn jemand. Hurtig verkroch er sich hinter ein verrostetes Ackergerät. Wieder war es Bein-Godik.
„Bist du ganz und gar verrückt?", fauchte ihn der Hirte an. „Mach, dass du zurückkommst! Gleich fangen sie an!"
„Wieso? Ich denke, sie schlafen alle!"
„Heute kann keiner schlafen!", sagte Bein-Godik kurz. „Es passiert zu viel. Beeil dich!"
Gebückt schlichen sie am Haus entlang. „Du musst aber am Rande des Daches entlang gehen. Und mach nicht wieder solch einen Lärm! Man hat dich vorhin deutlich gehört!"
„Wohin wolltest du nur?", fragte er, als sie beide ein wenig später wieder oben im Baum saßen.
„Ich wollte Carlos besuchen und mit ihm sprechen", sagte Silas.
„Du bist wohl nicht ganz klug!"
„Pscht!", zischelte Silas.
Eine Tür ging auf, und ein Mann trat auf die Straße. Kurz darauf erschien ein zweiter, der aus einem anderen Haus kam.
„Na, da siehst du's ja! Hab ich's nicht gesagt!", triumphierte flüsternd Bein-Godik.
„Und was tätest du, wenn du jetzt bei Carlos säßest?"
Bartolin kam aus Joannas Haus. Auf der anderen Seite verließen gerade Philipp und der Krämer Emanuels Haus. Plötzlich wimmelte es nur so von Weibern und Kindern auf der Straße, und alle zog es zu dem hohen Baum hin, auf dem Silas und Bein-Godik saßen. Der Krämer verlangte mit lauter Stimme und mit feierlicher Miene, dass man seine Kisten heraustragen solle.
Das klingt wirklich dumm, dachte Silas. Er tut ja, als solle jemand beerdigt werden. Es ist direkt lächerlich.
„Er ziert sich so, weil deine Mutter und der Degenschlucker hier sind", flüsterte Bein-Godik.
„Führt zuerst das Pferd vor!", brüllte Bartolin mit seiner Bullenstimme.
Der Krämer protestierte und verlangte noch einmal, dass seine Kisten gebracht würden. Und dann kamen sie auch. Mit gespreizten Händen und deutlichen Zeichen

von Verachtung für solcher Art Handel stellte sich Bartolin vor die vorderste Reihe der Zuschauer, während der Krämer mit einem riesigen Schlüssel die Truhe aufschloss und den Deckel hochschlug.
Der Pferdehändler schnalzte nur verächtlich mit der Zunge beim Anblick dieser Zeremonie.
„Weiberkram!", knurrte er und blieb stehen.
Eine der Kisten enthielt schimmerndes Kupfergerät, Leuchter, Töpfe, Pfannen, während die andere bis zum Rande mit Seide und Wollstoffen in leuchtenden Farben angefüllt war.
„Na und?", fragte Bartolin herausfordernd.
Der Krämer warf ihm einen schiefen Blick zu und antwortete nicht. Er zog sich weiter zum Haus zurück, wo Philipp und Emanuel standen. Die Dorfweiber und die Mädchen, die im Halbkreis vor den Stufen standen, reckten die Hälse, damit ihnen nur ja nichts entging. Aber allen gelang das nicht. Es war einfach zu viel auf einmal. So etwas braucht Zeit.
Aber Bartolin hatte keine Lust zu warten. Für ihn war dies eine Situation, die möglichst schnell überstanden werden musste, damit die Sache mit dem Pferd endlich in Gang kam. „Pah! So einen Schund an die Frauen zu verkaufen! Das ist wahrhaftig keine Männerarbeit!", sagte er.
„Nun mach schon zu und zeig deinen Kram endlich!", fuhr er den Krämer ungeduldig an. „Möchtest du hier liegen bleiben und dich selbst auch noch verkaufen?"
„Vielleicht wünschst du etwas?", fragte der Degenschlucker mit schneidender Freundlichkeit. „Was darf's denn sein? Ein Strumpfband vielleicht, oder lieber ein Kochtopf?"
Die Umstehenden brachen in brüllendes Gelächter aus, und Bartolins Augen sprühten Feuer.
„Ja, aber jeder ordentliche Handelsmann bietet doch seine Ware den Kunden auch an!", fauchte er.
„Ach so", sagte Philipp, „vielleicht möchtest du's tun?"
Eine neue Lachsalve schlug über Bartolin zusammen, und Silas bemerkte, wie sich Emanuel zufrieden die Hände rieb. Das schuf Stimmung. Das brachte die Leute in Schwung, und das würde sich sehr günstig auf den Pferdehandel auswirken.
Noch immer machte der Krämer keine Miene, sich seinen Kisten zu nähern.
Mit Unbehagen merkte Bartolin, dass er dort vorn ganz allein stand.
Unten rückten die Weiber unsicher ein wenig nach vorn. Der Krämer wandte ihnen den Rücken zu und fing ein Gespräch mit Philipp an. Auch Anina ließ sich von den vollen Kisten anlocken. Silas sah, dass sie die Erste war, die es wagte, eine Hand auszustrecken und an einem der verschnürten Stoffballen zu fühlen. Dich hinter ihr

folgte Terese, Emanuels Frau, ein Weib in mittleren Jahren, das sich die ganze Zeit nahe bei den Fremden aufgehalten hatte.

Aber der Krämer wusste genau, was er tat. Jedenfalls schien es Silas so. Denn schon bald standen alle Weiber um die Kisten herum und wühlten mit fiebernden Händen darin, damit ihnen nur ja die besten Stücke nicht entgingen. Jedes Mal, wenn zwei gleichzeitig nach demselben Stoff griffen, wechselten sie zornige Blicke und stürzten sich wie auf Kommando auf ein anderes. Sie wählten aus, warfen fort, hängten die Stoffe über und legten sie wieder beiseite, immer in der Hoffnung, das Beste zu erwischen. Die Angst, dass vielleicht eine andere zuvorkommen könnte, brachte die Hände in immer eiligere Bewegungen, und gierig tauchten sie in die Haufen. Borten und Bänder hingen über den Rand der Kiste.

Mehr und mehr hängten sie sich um, und keine schien daran zu denken, dass die Ware bezahlt werden musste, dass sie nur arme Bewohner eines armen Dorfes waren. Das Ganze artete in eine Art Kostümwettbewerb aus, und sowohl Zungen als auch Ellenbogen wurden fleißig gebraucht.

Die Männer standen im äußeren Kreis und schwiegen. Sie traten bekümmert auf den Zehen herum, als sie sahen, wie die Weiber außer Rand und Band gerieten. Im Geiste erblickten sie schon, was alles im Tauschhandel dafür verschwinden würde: Saatgetreide, Geflügel und andere notwendige Dinge. Wenn nur der Pferdehandel nachher ebenso viel Aufwand und Spaß bot!

Eine einzige Frau machte gar keine Anstrengung, zur Kiste zu kommen. Das war Joanna. Nicht einmal da prächtigste Stück konnte sie verlocken, mit etwas zu bezahlen, was sie nicht besaß. Ihre Hände ließen nicht einen Augenblick das Tuch los, das sie fest um sich geschlungen hatte. Silas fühlte sich auf merkwürdige Weise beschämt, als er Joanna mit seiner eigenen Mutter verglich. Anina konnte sich etwas leisten. Selbst wenn sie jetzt genauso lächerlich verkleidet war wie die anderen Frauen, so hatte sie doch die Möglichkeit, sich anzuschaffen, was sie wollte.

Und sie tat das auch. Schuldbewusst warf Silas einen Blick zu Bein-Godik hinüber, der ein wenig seitwärts auf einem Zweig saß.

Silas wird vom Schicksal gebeutelt und muss viele Ungerechtigkeiten einstecken. Als sein Pferd auf dem Markt verkauft werden soll, beobachtet er das Geschehen von einem Baum aus und handelt im richtigen Moment.

DEUTSCHLAND

BUNDESREPUBLIK
DEUTSCHLAND

Fläche: 356 974 km²
Einwohner: 81,5 Mill.
Hauptstadt: Berlin
Amtssprache: Deutsch
Religionen: 35,5% Protestanten, 34,7% Katholiken, 29,8% andere - darunter Muslime, Juden
Nationalfeiertag: 3. Oktober, seit 1990 Gedenktag der Deutschen Einheit, der bis zur Wiedervereinigung 1989 am 17. Juni gefeiert wurde.
Währung: 1 Deutsche Mark = 100 Deutsche Pfennig
Lage: zwischen 47° und 55° n. Br. sowie 6° und 15°02' ö. L.
Zeitzone: Mitteleuropäische Zeit

Geschichte

911: Nach dem Tod des letzten ostfränkischen Karolingers, Ludwig des Kindes, ernannten die ostfränkischen Stämme den Frankenherzog Konrad I. zu ihrem König. Seit dem Jahr 920 existiert der Begriff „Regnum teutonicum"

1190 - 1197: Heinrich VI., Sohn Friedrich Barbarossas, führte nach dessen Tod das Reich zu seiner größten Ausdehnung.

1212 - 1250: Friedrich II. schuf in Unteritalien ein modernes Staatswesen.

1273 - 1291: Nach einem Sieg über Ottokar II. von Böhmen (1278) gelang es Rudolf I. von Habsburg, die Macht des Königs wiederherzustellen. Er erwarb die Herzogtümer Österreich, Steiermark und Krain und begründete so die Macht des Hauses Habsburg.

1346-1378: Unter Karl IV. wurde Böhmen zum Kernland des Reiches. 1356 erließ er die Goldene Bulle zur Regelung der Königswahl und der Stellung der Kurfürsten.

1348: Gründung der ersten deutschen Universität in Prag.

1499 trat die Schweiz aus dem Reichsverband aus.

1517: Beginn der Reformation und Gegenreformation. Martin Luthers 95 Thesen vom 31. Oktober 1517 bildeten den Ausgangspunkt der Reformation. 1521 wurde auf dem Reichstag von Worms die Reichsacht über Luther verhängt, und seine Schriften wurden verboten.

1555: Im Augsburger Religionsfrieden wurde die konfessionelle Spaltung Deutschlands besiegelt.

1618-1648: Die unnachgiebige Haltung Ferdinands II. gegenüber den Protestanten führte nach dem Prager Fenstersturz zum Ausbruch des Dreißigjährigen Krieges.

1648: Der Westfälische Friede beendete den Dreißigjährigen Krieg und zersplitterte das Reich in nahezu 300 Einzelstaaten.

1740: Herrschaftsantritt von Maria Theresia in Österreich und Friedrich II. in Preußen.

1756-1763: Im Siebenjährigen Krieg begründete Friedrich II. die Vormachtstellung Preußens gegenüber Österreich.

1806: Am 6. August legte Franz II. die deutsche Kaiserkrone nieder. Ende des alten Reiches. Am 14. Oktober Niederlage Preußens gegen Napoleon und damit Zusammenbruch Preußens.

1813-1815: Befreiungskriege gegen Napoleon, darunter die Völkerschlacht bei Leipzig (16.-19. Oktober 1813). Niederlage Napoleons und Ende der napoleonischen Herrschaft in Deutschland.

1814/15: Neuordnung Europas durch den Wiener Kongress. Die deutschen Fürstentümer schlossen sich zum Deutschen Bund zusammen.

1848: Nach der Märzrevolution von 1848 trat in der Frankfurter Paulskirche die demokratisch gestaltete deutsche Nationalversammlung zusammen. Eine Reform des Deutschen Bundes scheiterte an dem Konflikt zwischen den Befürwortern der kleindeutschen und großdeutschen Lösung.

1862: Otto von Bismarck wurde zum preußischen Ministerpräsidenten ernannt. Er strebte einen deutschen Staatenbund ohne Österreich und unter preußischer Vorherrschaft an.

1866: Die Auflösung des Deutschen Bundes durch Preußen leitete den Deutschen Krieg ein, der zum Austritt Österreichs aus dem deutschen Staatenbund und zur Gründung des Norddeutschen Bundes führte. 1871 benannte sich der Norddeutsche Bund, um die süddeutschen Staaten erweitert, in „Deutsches Reich" um.

1871: Am 18. Januar wurde Wilhelm I. von Preußen zum Deutschen Kaiser proklamiert.

1884/85: Das Deutsche Reich erwarb Kolonien in Afrika (u. a. Togo, Kamerun, Südwestafrika) und im Pazifik.

1914-1918: 1. Weltkrieg

1918: Niederlage Deutschlands.

1918/19: Die Novemberrevolution führte zum endgültigen Zerfall der Monarchie in Deutschland. Am 9. November 1918 dankte Kaiser Wilhelm II. ab und ging ins Exil in die Niederlande. Friedrich Ebert (SPD) übernahm die Regierungsgeschäfte.

1919-1933: Weimarer Republik

1933-1945: Drittes Reich. Hindenburg ernannte Hitler am 30. Januar 1933 zum Reichskanzler. Im Februar wurde anlässlich des Reichstagsbrandes eine Notverordnung erlassen, die wichtige Grundrechte der Weimarer Verfassung außer Kraft setzte. Das Ermächtigungsgesetz vom 24. März übertrug die gesamte Staatsgewalt der nationalsozialistischen Regierung unter Hitler. Austritt aus dem Völkerbund.

Am 2. August 1934 starb Hindenburg. Hitler vereinigte daraufhin das Amt des Reichskanzlers mit dem des Reichspräsidenten auf seine Person (Führer und Reichskanzler).

1935: Mit den Nürnberger Gesetzen wurde die rechtliche Grundlage für die Diskriminierung und Verfolgung der Juden geschaffen.

1936: Bildung der Achse Berlin-Rom mit dem faschistischen Italien. Abschluss des Antikominternpaktes mit Japan.

1938: In der Reichskristallnacht wurden überall in Deutschland jüdische Häuser, Synagogen und Geschäfte zerstört und geplündert. 91 Menschen fielen dem Pogrom zum Opfer. Im März erfolgte der Anschluss Österreichs an das Deutsche Reich. Im Münchner Abkommen erhielt das Deutsche Reich die sudetendeutschen Gebiete.

1939: Besetzung Böhmens und Mährens im März. Im Mai erfolgte der Abschluss des Stahlpaktes mit Italien und im August die Besiegelung des Hitler-Stalin-Paktes. Der Einmarsch der deutschen Wehrmacht in Polen löste den 2. Weltkrieg aus; Frankreich und Großbritannien erklärten Deutschland den Krieg.

1941: Hitler begann am 22. Juni einen Vernichtungskrieg gegen die UdSSR. Die von ihm beschlossene „Endlösung der Judenfrage" führte zur Vernichtung eines Großteils der europäischen Juden.

1942/43: Mit der Schlacht von Stalingrad begann sich die Niederlage des Deutschen Reiches abzuzeichnen.

1944: Am 20. Juli 1944 verübte Claus Schenk Graf von Stauffenberg ein Attentat auf Hitler, das jedoch scheiterte.

1945: Die Truppen der Alliierten marschierten in Deutschland ein. Nach Hitlers Selbstmord kapitulierte Deutschland, und alliierte Truppen besetzten es.

1949-1990: BRD und DDR. Die Gründung der Bundesrepublik Deutschland (BRD) und der Deutschen Demokratischen Republik (DDR) besiegelte die politische Teilung Deutschlands.

1955: Mit den Pariser Verträgen erhielt die BRD die Souveränität. Gleichzeitig erkannte die UdSSR die DDR als souveränen Staat an. Beide Staaten wurden in die entgegengesetzten Militärbündnisse Warschauer Pakt und NATO eingegliedert.

1961: Bau der Berliner Mauer.

1973: Aufnahme der BRD und DDR in die UNO.

1990: Wiedervereinigung der beiden deutschen Staaten. Der gesamtdeutsche Bundestag trat zum ersten Mal am 4. Oktober zusammen. Am 2. Dezember wurden die ersten gesamtdeutschen Bundestagswahlen abgehalten, aus denen die CDU/CSU als Sieger hervorging. Die Regierungskoalition von CDU/CSU und FDP unter Bundeskanzler Helmut Kohl wurde fortgesetzt.

1994: Roman Herzog wurde neuer Bundespräsident. Bei den Bundestagswahlen konnte sich erneut die Koalition aus CDU/CSU und FDP behaupten. Helmut Kohl wurde wiederum Bundeskanzler.

Politik

Die Bundesrepublik Deutschland ist eine sozialstaatliche, rechtsstaatliche und gewaltenteilende parlamentarische und repräsentative (mittelbare) Demokratie. Die Bundeshauptstadt ist Berlin, der vorläufige Regierungssitz Bonn. Staatsoberhaupt ist der Bundespräsident. Seine

Aufgaben sind im Wesentlichen repräsentativ. Gesetzgebungsorgane sind Bundestag und Bundesrat. Durch den Bundesrat wirken die Länder an der Gesetzgebung und Verwaltung der Bundesrepublik mit. Er besteht aus Mitgliedern der 16 Landesregierungen oder deren Bevollmächtigten. Bundesgesetze werden vom Bundestag beschlossen. Änderungen des Grundgesetzes bedürfen der Zustimmung von zwei Dritteln der Mitglieder des Bundestages und zwei Dritteln der Stimmen des Bundesrates. Die Bundesregierung besteht aus dem Bundeskanzler und den Bundesministern. In dem 1994 gewählten Bundestag sind folgende Parteien vertreten: die Christlich-Demokratische Union Deutschlands (CDU), die Christlich-Soziale Union in Bayern (CSU), die Freie Demokratische Partei (FDP), die Sozialdemokratische Partei Deutschlands (SPD), Bündnis 90/Die Grünen und die Partei des demokratischen Sozialismus (PDS). Weitere Parteien sind in den parlamentarischen Körperschaften auf Landes- und kommunaler Ebene vertreten.

Kulinarisches

Auch wenn das „Millionendorf" München heute eine multikulturelle Feinschmecker-Metropole ist und Berlin, die alte und neue Hauptstadt des Landes, sich gerade dazu entwickelt, so gibt es doch ganz typisch deutsche Speisen: Würste (über 1500 Sorten), Kraut oder Kohl, Lebkuchen, Rote Grütze, Spätzle, Maultaschen, Bückling, Kartoffeln in allen Variationen, ... Dabei waren in manchen Teilen Europas die Menschen zunächst von den Tartuffeln - Erdtrüffeln - Kartoffeln - Grundbirnen - Erdbirnen - Erdäpfeln - Patates nicht begeistert, als diese im 17. Jahrhundert aus Amerika importiert wurden. Ja, die Bauern weigerten sich, diese Knollen zu essen, und wollten sie nicht einmal ans Vieh verfüttern. Vielleicht weil die grünen Teile und Keime der Pflanzen giftig sind? Zugleich galten an anderen Orten Kartoffeln als Delikatesse. So kam es, dass ein Student in einem Brief an seinen Vater Kartoffeln als billiges Nahrungsmittel empfahl und dieser ihn belehrte: „ Die Kartoffeln sind bei uns eine Luxusspeise und teurer als die Rüben."

Schließlich wurde vom Preußenkönig Friedrich II. (1712 - 1786) der Anbau von Kartoffeln durch ein Gesetz erzwungen. Dadurch war für Nahrung weit besser gesorgt

als vorher. Die Bevölkerung in Mitteleuropa nahm deutlich zu.
Übrigens: Auch der erste Erdglobus hieß „Erdapfel". Er wurde nach den Angaben von Martin Behaim 1491 in Nürnberg gebaut.

Spätzle

sind eine Spezialität aus Schwaben, die sich bereits weit über die Grenzen Deutschlands verbreitet hat. Hier das Grundrezept mit Variationen:

Für kräftige vier Esser brauchst du:
500 g Mehl, 4 Eier, Salz, Wasser oder Milch nach Bedarf.
Salzwasser zum Kochen der Spätzle.

So wird's gemacht:
Gib Mehl, Eier und Salz in eine Rührschüssel, vermische alles gründlich, und dann kommt so viel Wasser oder Milch dazu, dass du den Teig mit dem Kochlöffel gut durchrühren kannst. Zu flüssig darf er nicht werden, also schön langsam die Menge der Flüssigkeit zugeben. Wenn's aber doch passiert ist, dann gib noch vorsichtig Mehl dazu. Passt der Teig, so wird er noch entweder kräftig mit dem Kochlöffel „geschlagen" oder mit dem Handmixer bearbeitet.
Inzwischen kocht in einem großen Topf das Salzwasser. Den Teig gib in Portionen auf ein Brett und schabe ihn mit dem Messer in das kochende Salzwasser. Die Spätzle, die an die Oberfläche kommen, sind gar und werden mit einem Schaumlöffel abgeschöpft. In einer gebutterten Schüssel warten sie, bis sie mit Tomaten-, Pilz-, Kräuter-, ... sauce gegessen werden.

Nach ersten Versuchen kannst du in den Teig entweder 250 g gekochten, klein geschnittenen Spinat oder 100 g kleinst gewürfelten Schinkenspeck oder 3 Esslöffel Tomatenmark oder sonst Interessantes mischen - schließlich schmecken Spätzle pur mit geschmolzener Butter und geriebenem Parmesan auch prima!

Kartoffelpuffer

auf rheinische Art

Du brauchst:
1 kg große Kartoffeln, geschält und gerieben,
1 große Zwiebel, sehr fein gehackt,
2 Eier
Salz und Öl zum Braten

So entstehen die Kartoffelpuffer:
Die Kartoffelmasse mit der Zwiebel, den Eiern und dem Salz gut mischen. In einer Pfanne Öl erhitzen und einen Löffel des „Teiges" ins Öl setzen, dünn glatt streichen. Auf beiden Seiten knusprig anbraten. Am besten schmecken die Kartoffelpuffer direkt aus der Pfanne mit Apfelmus oder auch mit Salat!
Das ist ein ganz einfaches, aber ausgesprochen köstliches Essen.

HENNES ERFINDUNG – DIE SCHWARZE KUNST

Die Nacht ist stockdunkel und windig. Vom bewölkten Himmel dringt kein bisschen Sternen- oder Mondlicht in die winkeligen Gassen der mittelalterlichen Stadt. Bald wird es Mitternacht sein. Um diese Zeit sind die ehrbaren Bürger, die fleißigen Handwerker, das Gesinde und die Taglöhner schon längst in die Federbetten gekrochen oder haben sich auf ihren Strohsäcken zur Nachtruhe gelegt. Die Stadttore wurden bereits bei Einbrechen der Dunkelheit geschlossen. Da und dort klappern die Fensterläden durch böige Windstöße, knarren Haustüren oder jaulen vereinzelte Katzen ihr Lied in die Nacht. Der alte Nachtwächter, der vorschriftsmäßig jede Stunde seine Runden zieht, hat auf vielerlei zu achten. Vor allem aber auf die größte Gefahr für die Stadt, eine vielleicht irgendwo aufzüngelnde Feuersgefahr. Die muss er rechtzeitig entdecken und die Bürger zur Brandbekämpfung wachrufen. Der alte Mann mit der Laterne, dem umgehängten Signalhorn und der Hellebarde als Zeichen seiner Amtsgewalt hüllt sich fröstelnd in seinen langen Umhang. Sind da nicht Schritte zu hören? Flackert da nicht der Schein einer Lampe durch die Nacht? Wer könnte um diese Zeit noch unterwegs sein – ein Mönch oder Priester, der zu einem Versehgang gerufen wurde, oder eine Hebamme, die zu einer Niederkunft eilt?

Tatsächlich nähert sich im Dunkeln mit schnellem Schritt eine Gestalt, die eine flackernde Fackel vor sich her trägt. Der Schatten des Mannes wird davon geisterhaft groß auf die Hausfassaden in der engen Gasse geworfen. Schnell und hart klingen die Schritte auf dem buckligen Pflaster. Der Nachtwächter hebt seine Laterne, die an der Hellebardenstange hängt, hoch und greift mit der anderen Hand zu seiner eigenen Beruhigung an den Schwertknauf. „Wer da, in Christi Namen", ruft er den Unbekannten an. „Ich bin's", tönt es zurück, „der Henne Gensfleisch. Mich solltest du doch kennen, Kunrad. Da ist noch viel zu schaffen in meiner Werkstatt. Mach du nur ruhig weiter deine Runde, alter Mann."

Der Nachtwächter starrt dem um die nächste Gassenecke Verschwindenden, von dessen Fackel nur mehr der Lichtschein über ein paar Butzenscheiben zuckt, nach. Schon wieder der Gutenberg, denkt er. Dass dieser Mann doch nicht zu christlichen Zeiten arbeiten kann. Aber so ist er eben. Oft genug trifft er sich mit Gesellen und geheimnisvollen Meistern nächtens in seiner Werkstatt, in die er außer einigen Auserwählten auch tagsüber niemanden hineinlässt. Stempelschneider, Goldschmied, Edelsteinschleifer, sogar Spiegelmacher soll er sein, der Gensfleisch, der sich auch Gutenberg nennt. Niemand weiß so recht, woher er die vielen Künste hat und was er mit seinen geheimnisvollen Maschinen und Werkzeugen, mit seinen Tinkturen und Chemikalien alles treibt. Schüler und Adepten soll er anziehen, der Meister Gensfleisch. Und die haben viel Geld für das Erlernen seiner Geheimnisse zu zahlen. So mancher munkelt, dass bei diesem stämmigen Mann mit dem ernsten Gesicht und den brennenden Augen nicht alles rechtens zuginge. Von Teufelswerk und Satanszauber wird in der Stadt getuschelt. Der alte Kunrad zieht seinen Mantel fester um die Schultern und schürzt den Gürtel höher. Dann spuckt er geräuschvoll aus. Bevor er aber weiter seine Runde dreht, schlägt er noch rasch - zur Sicherheit - ein Kreuzzeichen über Stirn und Brust. Vom Dom läutet ein Glöckchen die Mitternachtsstunde ein.

So könnte es gewesen sein, im Jahre 1440 in der Stadt Straßburg. Henne Gensfleisch, der Mann, der dort nachts in den Gassen unterwegs war, ist als Johannes Gutenberg bekannt und berühmt geworden. Ihm ist gelungen, wovon viele Handwerker und Erfinder seiner Zeit geträumt haben: Gutenberg ist der Erfinder der modernen Buchdruckkunst. Im Jahr 1455 konnte er in seiner Werkstatt bereits an die zweihundert Bücher drucken. Zweihundert Bücher, die absolut gleich waren. Wenn zum Beispiel zweihundert Menschen in ihrem Exemplar die Seite zwanzig aufschlugen, so konnte alle denselben Text lesen. Buchstabe für Buchstabe glichen die zweihundert Exemplare einander wie ein Ei dem anderen. Und das war eine Sensation! Kein Wunder, dass sich diese Druckkunst wie ein Lauffeuer über Europa verbreitete. Bereits fünfzig Jahre später gab es in 270 europäischen Städten Druckereien, die rund zehn Millionen gedruckte Bücher hergestellt hatten. Gutenbergs Erfindung hat die Welt verändert. Ihm selbst hat es kaum etwas eingebracht, aber sein Name ist unsterblich geworden. Trotz seiner Berühmtheit ist von seinem Leben nur wenig bekannt.

Geboren wurde Johannes Gutenberg um das Jahr 1397 in Mainz, einer reichen und mächtigen Stadt. Viele Mitglieder der Familie der „Gensfleisch zum Gutenberg" sollen Goldschmiede gewesen sein, auch Münz- und Siegelstempelschneider, die die Kunst beherrschten, Buchstaben ins harte Metall zu gravieren. Was Johannes, oder Henne, wie ihn die Mainzer nannten, gelernt hat, ist nicht bekannt. Aber beherrscht muss er all diese Handwerkskünste haben, denn später hat er Schüler aufgenommen, die sich von ihm unterrichten ließen. Die Summen, die er dafür verlangt und auch bekommen hat, waren gewaltig. Er muss also ein sehr guter Handwerksmeister gewesen sein. Irgendwann um das Jahr 1428 wanderte Gutenberg nach Straßburg aus. In Mainz hatte es Konflikte zwischen den Handwerkern und der Obrigkeit gegeben. Viele Mainzer haben damals in Straßburg Unterschlupf gefunden. Gutenberg war einer von ihnen.

Es gab wohl kaum einen Konflikt, bei dem der Meister nicht dabei war. Er war eine hitzige Natur, ein streitbarer Kopf, ein „wilder Junker", also ein zorniger Mann, der um nichts in der Welt auf sein Recht verzichten wollte. Selbst, wenn sein Gegner um vieles mächtiger war als er. Und so ist das Wenige, das von Gutenbergs Leben und Wirken bekannt ist, vor allem den Gerichtsakten zu verdanken, den Berichten über die unzähligen Prozesse, die Gutenberg geführt hat. Neben vielen Ehrenbeleidigungsprozessen ist es aber meist um Geld gegangen. Große Summen, die Gutenberg geliehen hatte und dann nicht zurückzahlen konnte. Dabei war er aus wohl-

habendem Haus, litt keine Not, hatte Besitzungen. Aber Gutenberg brauchte Unsummen von Geld. Er war besessen von seiner Idee, von seiner Erfindung.
Die Bücher hatten es ihm angetan. Sie wurden damals von Mönchen geschrieben, Buchstabe für Buchstabe langwierig und mühsam mit der Feder auf Pergament gemalt. Gutenberg wollte diese Arbeit von einer Maschine erledigen lassen. Genauso schön, genauso gut, nur viel schneller. Er wollte ein Buch vertausendfachen. Für die Menschen des zu Ende gehenden Mittelalters war das ein fast anstößiger Gedanke.

Der Meister überlegt, konstruiert, experimentiert. Er ist ein Pionier, es gibt keine Schrift, in der er nachlesen kann, wie ein Problem zu lösen ist. Er muss alles selbst herausfinden. Alle zum Drucken nötigen Geräte müssen Handwerker nach seinen Plänen herstellen. Gutenberg braucht immer mehr Geld, die Materialien sind teuer: Blei, Papier, Pergament, Druckerfarbe. Im Gegensatz zu heute war damals Papier eine Kostbarkeit, die man nur selten kaufen konnte.
Um das Jahr 1448 übersiedelt Gutenberg wieder in seine Heimatstadt Mainz. Er findet Johann Fust, einen reichen Geldgeber, der ihm große Summen vorschießt. Gutenberg richtet eine geräumige Werkstatt ein, in der an die zwanzig Personen beschäftigt sind.

Sieben Jahre lang arbeitet er mit seinen Gesellen, ohne auch nur irgendetwas zu verdienen. Im Gegenteil, er muss Fust noch einmal um eine große Summe bitten. Fust wird ungeduldig. Er zweifelt daran, dass Gutenberg jemals fertig wird, und geht zu Gericht.
Die Geschichte endet tragisch. Im Jahr 1455 ist es so weit: Johannes Gutenberg hat an die zweihundert gedruckte Exemplare einer Bibel fertig gestellt. Jedes Exemplar hat 1280 Seiten, auf jeder Seite stehen 3700 Buchstaben. Buchstabe für Buchstabe einzeln her-

gestellt. Eine perfekte Arbeit, schwarz auf weiß gedruckt.

Johannes Gutenberg hat es geschafft, seine Zähigkeit hat sich bezahlt gemacht, er hat sein Werk vollendet. Gerade jetzt beginnt der Prozess, den Johann Fust angestrengt hat. Und Gutenberg, der so viele Prozesse gewonnen hat, verliert diesen. Damit verliert er alles, was ihm wichtig ist: seine Werkstatt und alle Exemplare der gedruckten Bibel. Johann Fust, ein tüchtiger Geschäftsmann, besorgt nun den Verkauf der Gutenberg-Bibeln und erhält auf diesem Weg die verborgte Summe vielfach zurück. Gemeinsam mit einem Gesellen Gutenbergs übernimmt er die Druckerei, „Fust und Schöffer" heißt sie nun. Johannes Gutenberg aber ist ein gebrochener Mann. Noch einmal versucht er mit finanzieller Hilfe eines Mainzer Bürgers eine eigene Druckerei zu führen, aber zu mehr als einer kleinen, unbedeutenden Werkstatt reicht es nicht. Vor endgültiger Verarmung bewahrt ihn der Mainzer Landesherr, der Gutenberg bis an sein Lebensende mit „Kleidung und Wein", wie es in den Archiven heißt, versorgt. Am 3. Februar 1468 stirbt „der ehrsam meister henne gensfleisch", von der Öffentlichkeit unbeachtet, in Mainz.

Seine Erfindung, sein Lebenswerk, das bis heute „die schwarze Kunst" genannt wird, ist die Grundlage und der Auslöser für die Veränderung Europas. Denn der Buchdruck macht nun eine Bildungslawine möglich, die das Mittelalter beendet. Moderne Wissenschaft, allgemeine Schulbildung, die heutige Informationsgesellschaft, aus der die tägliche Zeitung nicht wegzudenken ist, all dies beruht auf der grundlegenden Erfindung Johannes Gutenbergs - dem Buchdruck.

Die Sommersonnenstrahlen beenden die Monate der Kälte und bringen wieder frisches Grün und Farbe ins Leben. Deshalb werden frisches Gemüse und Obst besonders geschätzt und gewürdigt.

Gartenfrischer Gurkensalat ist ein Beispiel dafür.

*Du brauchst für sechs Personen als Vorspeise:
etwa 1 kg gartenfrische Gurken,
1/4 l saure Sahne,
1 1/2 Esslöffel milden Essig,
3 Esslöffel Salatöl,
1/2 Esslöffel Zucker,
2 Esslöffel frisch gezupfte Dille,
frisch gemahlenen Pfeffer und Salz.*

*So wird's gemacht:
Mindestens zwei Stunden vor dem Servieren wasche die Gurken, hoble sie ungeschält in dünne Scheiben. Mische 1 Esslöffel Salz unter und stelle die Schüssel in den Kühlschrank.
Vor dem Anrichten gieße die Flüssigkeit ab, die aus den Gurken ausgetreten ist. Nun mische mit den übrigen Zutaten, koste und schmecke nochmals ab. Serviere den gartenfrischen Gurkensalat in Schalen und setzte frische Dille in die Mitte.*

Ein beliebter Nachtisch mit frischen Erdbeeren heißt in Finnland

Mansikkalumi:
*Du brauchst für vier Esser:
2 Schalen Erdbeeren, gewaschen und klein geschnitten,
4 Esslöffel Zucker,
2 Eiweiß,
1/2 Schale Obers/Sahne
und extra noch 4 ganz besonders schöne Erdbeeren.*

*Nur 15 Minuten vor dem Servieren zaubere aus den vorbereiteten Zutaten den Erdbeerschnee:
In einer Schüssel zerdrücke die Erdbeeren mit einer Gabel, gib 2 Esslöffel Zucker dazu.
In einer anderen Schüssel schlage das Eiweiß (am besten mit dem Handmixer), bis es ein „Gebirge" bildet, gib wieder 2 Esslöffel Zucker dazu. In einer dritten Schüssel schlage das Obers steif (behalte 4 Esslöffel davon für die Dekoration zurück). Nun ist es Zeit, alle drei Schüssel-Inhalte zu mischen - fertig ist mansikkalumi.
Serviere diese Nachspeise in weiten Gläsern oder Schalen, setze obenauf je einen Tupfer Schlagobers und eine von den extra schönen Erdbeeren.*

PAAVO LÄUFT MIT DER UHR IN DER HAND

Das Olympiastadion in Helsinki ist bis auf den letzten Platz gefüllt. Die Spitzensportler aus aller Welt, die an diesen Olympischen Sommerspielen 1952 teilnehmen, sind bereits unter den Klängen der Musik eingezogen. Jede Nation in Marschordnung mit einem Fahnenträger an der Spitze. Nach genau festgelegtem Plan haben die Sportnationen auf dem Rasen des Stadions Aufstellung genommen. In den Ehrenlogen sitzen prominente Künstler, ehemalige Sportler und Politiker aus aller Welt. Dem Zeremoniell nach warten alle auf den Schlussläufer der langen Stafette, die die Olympische Flamme von Griechenland in den Norden gebracht hat. Erst wenn die große Flamme im Stadion entzündet ist, sind die Spiele wirklich eröffnet.

Das Publikum schaut erwartungsvoll zum so genannten Marathontor. Das ist jener Eingang ins Stadion, durch den später die Marathonläufer zu ihrem Finale einlaufen werden. Denn von dort wird er kommen - der Läufer mit der Fackel in der hoch erhobenen Rechten. Und schon läuft er ein. Ein schlanker Athlet im finnischen Nationaldress. Beifall brandet auf. Doch im nächsten Moment wird daraus ein allgemeiner Jubelschrei. „Paavo, Paavo!", brausen Sprechchöre. Das Publikum im großen Oval ist begeistert winkend aufgesprungen. Aber auch die Sportler aus aller Welt, die gerade noch diszipliniert in geschlossenen Formationen im Stadion gestanden sind, beginnen nicht nur zu winken, zu applaudieren und zu jubeln, sondern sie drängen plötzlich alle an den Rand der Aschenbahn. Sogar die Athleten aus der Sowjetunion, die bekannt sind für ihre eiserne Disziplin, lassen ihrer Begeisterung freien Lauf und stürmen nach vorne, um den Läufer besser zu sehen, um ihm aus nächster Nähe zujubeln zu können. Die zeremonielle Ordnung im Stadion von Helsinki ist durch diesen nicht vorhergesehenen Begeisterungssturm völlig durcheinander geraten. Die Veranstalter, die vielen Ordner und Sicherheitskräfte bekommen Nervenflattern, denn sie fürchten ein totales Chaos. Doch sie hätten es sich denken können. Denn der Mann, der ins Stadion eingelaufen ist und nun das olympische Feuer entzünden wird, ist nicht nur in Finnland, sondern auf der ganzen Welt eine Legende. Und alle wollen aus der Nähe sehen, wie Paavo Nurmi, der berühmte Lang- und Mittelstreckenläufer, noch einmal ein Finale läuft. Vielleicht tut er es zum letzten Mal.

Paavo Nurmi, der Mann mit dem steinernen Gesicht und den charakteristischen langen Laufschritten ist 1952 fünfundfünfzig Jahre alt. Er ist einer der erfolgreichsten Sportler der Welt. Die Zeit seiner großen Siege liegt viele Jahre zurück. Kaum einer der vielen Menschen, die da im Stadion jubeln, hat ihn jemals laufen und siegen gesehen. Aber sie kennen ihn alle. Paavo Nurmi ist eine Legende, „der fliegende Finne" wird er genannt, oder auch „das Laufwunder". Nurmi freut sich bestimmt über die Anerkennung und die Bewunderung der sportbegeisterten Menge. Aber das wissen nur die Menschen, die ihm wirklich nahe stehen. Er selbst würde das nie zeigen, das kann er nicht. Immer schon ist er ruhig und diszpliniert geblieben, kaum, dass man ihn jemals lächeln gesehen hat. „Ein Mann aus Stein", hat einmal ein Journalist über ihn gesagt. Aber gerade diese eiserne Disziplin war es, die ihm zu dieser unglaublichen Serie von Siegen verholfen hat. Zweiundzwanzig Weltrekorde hat er aufgestellt und zwölf Olympische Medaillen gewonnen, der „König der Läufer", den daheim in Finnland alle nur Paavo nennen.

Bereits bei den Spielen 1920 hatte er zwei Medaillen gewonnen, aber die VIII. Olympischen Spiele in Paris 1924 gingen als „Nurmi-Festspiele" in die Geschichte ein. Innerhalb von eineinhalb Stunden gewann Paavo Nurmi zwei Goldmedaillen. Zuerst den Lauf über 1500 m, danach den über 5000 m. Zwischen diesen beiden Läufen hatte er genau 26 Minuten Pause. Zwei Tage später nahm er auch am Querfeldeinlauf über 10,6 km teil. Auch den gewann er. Trotz der großen Hitze in diesem Juli war Paavo Nurmi keine Anstrengung anzumerken. In sieben Wettbewerben trat er an, und sieben Mal gewann er. Paavo Nurmi war die Sensation dieser Olympischen Spiele. Zeitungen in aller Welt brachten sein Foto auf der Titelseite: ein Läufer mit federnden, langen Sätzen und harmonischen, mühelos-eleganten Bewegungen. Nurmi lief nicht nur beim Training, sondern auch während der Rennen mit der Stoppuhr in der Hand, damit er seine Rundenzeiten kontrollieren konnte. Der Zimmermannssohn aus Turku in Finnland war über Nacht ein Sportstar geworden. Durch ihn war aber auch sein Land berühmt geworden, von dem bis dahin viele Menschen sehr wenig wussten. Die Menschen in Finnland genossen die Aufmerksamkeit der Welt sehr. Das Land war damals eine ganz junge Republik, der Erfolg ihres Olympioniken freute die Finnen nicht nur, er stärkte auch ihr Selbstbewusstsein und ihren Patriotismus. Paavo Nurmi war ein scheuer, in sich gekehrter junger Mann. Selbst bei seinen größten Siegen stand er nicht, wie viele andere Sportler, breit lächelnd und winkend auf dem Siegespodest, sondern bescheiden und mit unbewegter Miene. Bei seinen Wettkämpfen sah man ihn nie nach Atem ringen, das Gesicht verzerrren oder nach Beendigung eines Kräfte raubenden Laufs in die Knie gehen. Auch die großen Gesten des jubelnden Siegers waren ihm fremd. Als einmal einer seiner härtesten Konkurrenten, ein Läufer aus den USA, vor dem Ziel zusammenbrach, wurde Nurmi von Journalisten nach dem möglichen Grund dafür gefragt. „Er hat schlecht trainiert", sagte der Finne knapp. Aus seiner Sicht konnte das der einzige Grund dafür sein, dass bei einem Läufer die Kondition nicht reichte.

Paavo war von Jugend an ein extrem fleißiger Sportler, der stets hart trainierte. Auch nach Beendigung seiner aktiven Sportlerlaufbahn waren Disziplin, Ausdauer und Beharrlichkeit für sein Leben wichtig. Paavo ist ein erfolgreicher Geschäftsmann geworden. Als Textilhändler und Wohnungsmakler hat er es zu großem Wohlstand gebracht. Eine schlimme Krankheit hat ihn in den letzten sieben Jahren seines Lebens dessen beraubt, was für ihn so wichtig war: der Bewegung. Der große Sportler war teilweise gelähmt und konnte nicht mehr ohne fremde Hilfe gehen. Für Paavo Nurmi war diese heimtückische Krankheit ein Anlass, um einen Fonds zur Erforschung von Herz- und Kreislauferkrankungen zu gründen und zu finanzieren. Das Paavo-Nurmi-Symposion, das alle zwei Jahre in Finnland stattfindet, hat also nichts mit Sport zu tun, sondern mit der menschlichen Gesundheit. Es ist ein medizinischer Kongress geworden.

Als Nurmi im Oktober 1973 stirbt, trägt ganz Finnland Trauer. Die Finnen haben Paavo Nurmi schon in dessen ganz jungen Jahren ein Denkmal gesetzt. 1925, ein Jahr nach den so genannten „Nurmi-Spielen" in Paris, hat der Bildhauer Aaltonen eine Bronce-Statue von Paavo geschaffen. Der Läufer Nurmi in Lebensgröße und in der Laufbewegung, den Blick konzentriert nach vorne gerichtet. Abgüsse dieser Broncefigur stehen vor dem Olympiastadion von Helsinki, in Nurmis Heimatstadt Turku und in der staatlichen Kunsthalle. Kleine Miniaturen und Fotos der Statue werden bis heute in allen Andenkenläden Finnlands zum Verkauf angeboten. Eine finnische Briefmarke hat Nurmi zum Thema, ein Flugzeug der der Fluggesellschaft „Finnair" trägt seinen Namen, und eine der höchsten Auszeichnungen, die die Republik Finnland vergibt, ist die Paavo-Nurmi-Medaille. 1997 wurde eine Silbermünze mit seinem Portrait geprägt.

In vielen Ländern ist Paavo Nurmis Name in den alltäglichen Sprachgebrauch eingegangen, als Sinnbild für Schnelligkeit. In Österreich wurde Nurmis Name über das Kabarett verewigt. In einer alten Kaffeehaus-Szene hat nämlich der berühmte Komiker Hans Moser, der den langsamen Kellner spielte, auf das Drängen der ungeduldigen Gäste gerufen: „Nur schön langsam, i bin ja net der Nurmi!" Seit den späten zwanziger Jahren ist also in dieser Form der Name Nurmi bei uns sprichwörtlich für Geschwindigkeit geworden.

Marjaleena Lembcke

Mein finnischer Großvater

Eines Tages kam Antti früher als sonst vom Feld zurück. Er sah besorgt aus. „Tuuli hat Blähungen", sagte er.
Ich kicherte. Tuuli war das alte Pferd. Tuuli heißt Wind, und vielleicht war es mal schnell und wild wie der Wind gewesen, aber das war schon lange her.
„Da gibt es nichts zu lachen", sagte Antti ernst. „Blähungen können bei Pferden sehr schlimm sein, sogar lebensgefährlich!"
Ich hörte sofort auf zu kichern.
„Was willst du nun tun?", fragte Leila.
„Ich muss wohl den Tierarzt holen", antwortete Antti. In Anttis Haus gab es kein Telefon. Er fuhr mit seinem Wagen ins Dorf, um den Tierarzt zu holen.
Juho stand bei Tuuli und versuchte, das Tier zu beruhigen. Jetzt sah ich auch, dass es ihm schlecht ging. Es schlug mit seinen Hufen unruhig auf den Boden, wieherte jammervoll, und weißer Schaum tropfte aus seinem Maul.
Ich wollte es streicheln, aber Juho warnte mich. „Lass es lieber sein! Es weiß vor Schmerzen nicht, was es tut. Es könnte dir einen bösen Tritt versetzen, ohne es zu wollen."
Matti, Leila und ich standen nun da und konnten nichts machen. Juho redete dem Pferd mit leiser Stimme gut zu. „Bleib ruhig!", sagte er. „Antti holt Hilfe. Gleich geht es dir besser. Warte es nur ab!" Plötzlich ließ Tuuli sich einfach auf den Boden fallen. Sein Bauch war kugelrund und stramm. Es sah aus, als ob es platzen würde.
„Ich kann nicht mitansehen wie das Tier sich quält", sagte Leila und ging ins Haus.
„Was macht denn der Tierarzt", fragte Matti.
„Ich weiß nicht", sagte Juho.
„Vielleicht muss man es erschießen?", sagte Matti.
„Pferde erschießt man nicht", erklärte ich. „Pferde sind doch Haustiere!"
Endlich kam Antti mit dem Tierarzt. Der Tierarzt hatte genau so eine schwarze, eckige Ledertasche wie alle anderen Ärzte. Kein bisschen größer - aber die Spritzen und das Thermometer, das er rausholte, schienen mir riesig zu sein.
„Erst muss ich Fieber messen", sagte er. Tuuli lag reglos da und ließ alles mit sich geschehen.
„Dein Pferd ist ja schon recht alt", sagte der Tierarzt zu Antti. „Willst du es noch durchbringen?"
„Mit allen Mitteln!", antwortete Antti.

Als der Arzt die riesige Spritze mit irgendeiner Flüssigkeit vollzog und sie ansetzte, lief ich zu Leila ins Haus. Matti blieb bei den Männern.
Nach einer halben Stunde kamen sie auch in die Küche.
„Wie sieht es aus?", fragte Leila. Antti zuckte mit den Schultern. Der Arzt wusch sich die Hände, und Leila setzte das Kaffeewasser auf.
„Mehr kann ich für das Tier nicht tun", sagte der Arzt und trocknete sich die Hände gründlich ab. „Entweder schafft der Gaul es nochmal oder nicht."
„Ja", meinte Juho. „Die zwei Möglichkeiten gibt es immer."
„So ein Tier kann einem ans Herz wachsen", sagte Antti. „Wenn man so lange mit ihm zusammengearbeitet hat. Mit ihm habe ich das Holz für den ganzen Winter noch aus dem Wald geschleppt. War ein guter Wind - unser Tuuli!"
„Ich bin sogar auf ihm geritten", sagte ich und seufzte tief. Antti und der Tierarzt wollten nochmal nach dem Pferd sehen. Matti und ich sprangen auch auf, aber Antti sagte: „Bleibt ihr jetzt erstmal hier!"
Wir saßen und warteten. Niemand sagte was. Juho redete ja nie viel, aber auch Leila schwieg.
„Irgendjemand müsste was sagen", sagte ich.
„Warum?", fragte Juho.
„Weil es sonst so still ist!"
Juho lächelte, und Leila stellte die Kaffeetassen auf den Tisch. Dann ging sie zur Tür und schaute hinaus.
„Sie sind noch im Stall", sagte sie. „Als ich vor drei Jahren in dieses Haus kam, bin ich auf Tuuli geritten. Damals war das Pferd noch recht lebhaft."
„Es ist immer noch lebhaft", sagte ich, „nur etwas langsamer."
Als Antti die Tür aufriss und mit dem Tierarzt hineinpolterte, brauchte er gar nichts zu sagen. Wir konnten es ihm ansehen. Tuuli, das Windpferd, hatte es nochmal geschafft.

Leena und ihr Bruder Matti verbringen einen herrlichen Sommer auf dem Land bei ihrem Großvater Juho. Leenas Beziehung zu Juho ist besonders innig. Was es mit seinem geheimnisvollen schwarzen Schrank auf sich hat, erfährt sie erst nach seinem Tod.

FRANKREICH

FRANZÖSISCHE REPUBLIK
République Française

Fläche: 543 965 km²
Einwohner: 58,3 Mill.
Hauptstadt: Paris
Amtssprache: Französisch
Religionen: rund 81% katholisch, Protestanten (1,6%), Juden (1,2%), Moslems (5,1)
Nationalfeiertag: 14. Juli, der an die Erstürmung der Bastille 1789 erinnert
Währung: 1 Französischer Franc = 100 Centimes
Lage: zwischen 41°20' und 51° n. Br. sowie 5°10' w. L. und 9°30' ö. L.
Zeitzone: Mitteleuropäische Zeit

Geschichte

58 - 51 v. Chr.: Die Römer besiegten unter Julius Caesar die Gallier.

486: Nachdem Fürst Chlodwig I. den letzten römischen Statthalter besiegt hatte, gründete er das Fränkische Reich.

800: Karl der Große wurde zum Römischen Kaiser gekrönt.

987: Der letzte karolingische König starb, und Frankreich ging als eigenes Königreich aus dem Karolingischen Reich hervor.

1337-1453: Hundertjähriger Krieg mit England.

1429: Jeanne d'Arc errang bei Orleans einen entscheidenden Sieg über die Engländer, ein Wendepunkt im Kriegsverlauf, der schließlich im Jahre 1453 zum Sieg Frankreichs über England führte.

1643 - 1715: Der „Sonnenkönig" Ludwig XIV. regierte Frankreich. Unter seiner absolutistischen Herrschaft wurde das Reich neben Spanien zum politischen und kulturellen Zentrum Europas.

1789-1799: Während der Französischen Revolution wurde die Monarchie abgeschafft, und das Land erhielt eine Verfassung.
In den darauf folgenden Jahren bis 1815 veränderten die Revolutionskriege und die napoleonischen Kriege das Machtgefüge Europas nachhaltig. 1795 bis 1799 herrschte das Direktorium, das 1799 von Napoleon Bonaparte gestürzt wurde.

1804: Napoleon Bonaparte wurde als Napoleon I. zum

Kaiser gekrönt. Er setzte die Expansionspolitik Frankreichs auf mehreren Feldzügen fort, musste aber beim Russlandfeldzug und in der Völkerschlacht bei Leipzig verheerende Niederlagen erfahren. 1814 wurde Napoleon nach Elba verbannt.

1814: Napoleon versuchte von Elba aus, wieder an die Macht zu gelangen. Er übernahm für „Hundert Tage" die Herrschaft, wurde aber in der Schlacht von Waterloo endgültig geschlagen.

1848: Ludwig XVIII. regierte Frankreich als konstitutionelle Monarchie.
Nach der Februarrevolution im Jahr 1848 wurde die Zweite Republik ausgerufen, die bis 1852 Bestand hatte.

1852: Louis Napoleon erklärte sich als Napoleon III. zum Kaiser Frankreichs. Sein so genanntes Zweites Kaiserreich endete 1871 mit der Niederlage gegen Deutschland.

1870 - 1871: Nach der Niederlage Frankreichs im Deutsch-Französischen Krieg wurde die Dritte Republik ausgerufen.

1914 - 1918: Im 1. Weltkrieg kämpfte Frankreich an der Seite der Alliierten.

1940: Deutschland marschierte in Frankreich ein und besetzte während des 2. Weltkrieges ungefähr zwei Drittel des Landes.

1946: Nach dem 2. Weltkrieg wurde eine neue Verfassung eingeführt und die Vierte Republik ausgerufen.

1958: Nach dem Putsch von Algier endete die Vierte Republik. Im Dezember wurde Charles de Gaulle zum Staatspräsidenten der Fünften Republik gewählt.
Frankreich wurde Gründungsmitglied der Europäischen Gemeinschaft.

1962: Frankreich entließ Algerien in die Unabhängigkeit.

1968: Studenten- und Arbeiterproteste im Mai führten zum Rücktritt de Gaulles im April 1969. Sein Amtsnachfolger wurde Georges Pompidou, der verschiedene Reformen in Frankreich durchsetzte.

1974: Nach dem Tod Pompidous wurde der Vorsitzende der Unabhängigen Republikaner, Valéry Giscard d'Estaing, neuer Staatspräsident. Er versuchte mit Sparprogrammen der anhaltenden Rezession entgegenzutreten.

1981: Die Sozialisten unter Mitterrand gewannen die Wahlen. 1988 wurde Mitterrand für weitere sieben Jahre zum Staatspräsidenten gewählt.

1994: Der Zugtunnel, der Frankreich und Großbritannien unter dem Ärmelkanal verbindet, wurde fertig gestellt.

1995: Jacques Chirac wurde zum neuen Staatspräsidenten gewählt.

1996: Am 8. Januar starb François Mitterrand.

POLITIK

Frankreich ist eine unteilbare, laizistische (Staat und Kirche streng voneinander trennende), demokratische und soziale Republik. Der Präsident der Republik wird durch allgemeine unmittelbare Wahlen gewählt. Er kann u. a. die Auflösung der Nationalversammlung (Volksvertretung) verfügen, was zu Neuwahlen führt. Er hat den Vorsitz im Ministerrat (Kabinett).
Die Regierungstätigkeit leitet der Premierminister. Er wird vom Präsidenten ernannt, ist aber gleichzeitig vom Vertrauen der Nationalversammlung abhängig.
Die Parteienlandschaft

Frankreichs ist vielfältig; es kommt häufig zu Abspaltungen, Neugründungen und Umbenennungen. Gegenwärtig kann man ein bürgerliches und ein linkes Lager unterscheiden. Wichtigste Parteien im bürgerlichen Lager sind die Gaullisten (Rassemblement pour la République, RPR) und die Union pour la démocratie française (UDF), ein 1978 gegründeter Zusammenschluss nichtgaullistischer Gruppierungen. Hauptparteien der politischen Linken sind die Sozialisten (PS) und die Kommunisten (PCF), daneben die kleine Bewegung der Grünen. Auf der äußersten Rechten steht die Nationale Front (FN).

Kulinarisches

Frankreich ist das Land der Feinschmecker und Superköche. Die Speisekarten in vornehmen Restaurants sind auch bei uns oft in französischer Sprache abgefasst oder doch mit vielen französischen Ausdrücken durchsetzt. Folgende und viele andere Wörter haben wir uns bereits so angeeignet, dass wir sie gar nicht mehr als Fremdwörter empfinden:

à la ...: nach der Art von ...
à la maison: nach Art des Hauses
hors d'oeuvre: Vorspeise
Dessert: Nachspeise
Baguette: Stangenweißbrot
Patisserie: Konditorei
Baiser: Schaumgebäck
marinieren: in pikante Sauce / Marinade einlegen

Selbstverständlich gibt es *die* französische Küche nicht. Es kommt ganz darauf an, wo in Frankreich du eingeladen bist. Nahe der Atlantikküste stehen viele Fischgerichte auf den Speisekarten – die schmecken dort auch wirklich am besten und sind sonst kaum irgendwo nachzukochen. In Marseille wird die Bouillabaise, die Fischsuppe der Provence, aus unterschiedlichem Meeresgetier und viel Knoblauch, gelöffelt. Aus Dijon stammt das Rezept für einen sehr pikanten Senf, nur der Sekt aus der Champagne darf sich Champagner nennen, und nur der Weinbrand aus dem Cognac heißt auch so ... Wenn es auch ein Kennzeichen der französischen Küche ist, dass die Rezepte raffiniert sind, so müssen sie doch nicht kompliziert sein. Das beweisen folgende Rezepte:

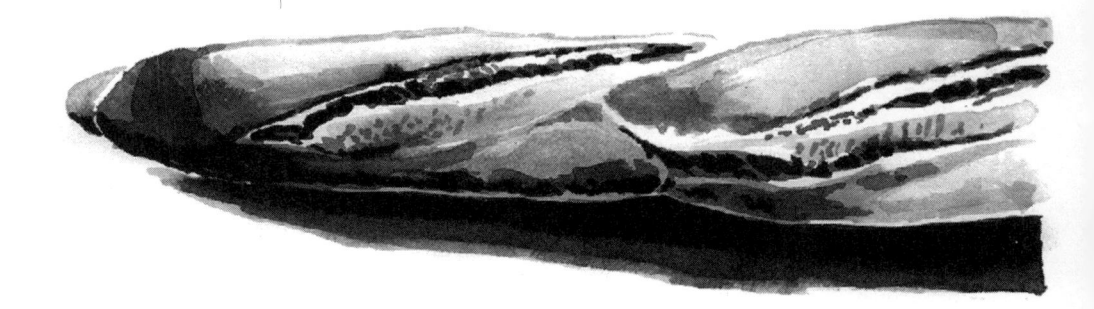

Frankreich

QUICHE LORRAINE
So heißt die Specktorte aus Lothringen. Sie eignet sich vorzüglich als Vorspeise (dann reicht sie für etwa sechs Esser) oder auch als Hauptspeise mit grünem Salat serviert (für drei bis vier Personen).

Was du dazu brauchst:
1 tiefgekühlter Blätterteig, 4 Eier, 1/2 Becher Sauerrahm oder Crème fraîche, Salz, Pfeffer und 200 g Speckwürfelchen. Viele Französinnen nehmen statt des Blätterteigs Mürbteig - beides ist möglich.

So wird's gemacht:
Rolle den Blätterteig nach dem Auftauen auf die Größe einer flachen Springform (26 - 28 cm) aus. Lege den Teig dann in die Form, ziehe ihn am Rand hoch und drücke ihn fest. Was über den Rand steht, schneide weg und forme daraus Bänder.
Für den Belag versprudle die Eier, den Sauerrahm, Salz und Pfeffer und mische den Schinkenspeck unter. Diese Mischung gieße auf den Teigboden und lege die abgeschnittenen Teigränder als Gitter darüber. Nach etwa 45 Minuten bei Mittelhitze im Backrohr ist die Quiche fertig. Die höchsten Erhebungen sollten knusprig braun, der Belag cremig zart sein.

Nicht ohne Grund haben die Nachspeisen weltweit ihre Bezeichnung aus dem Französischen übernommen: Desserts. Der französische Chefkoch Escoffier hat einer englischen Opernsängerin ein Eisdessert gewidmet. Ihr kennt es alle:

PECHE MELBA - PFIRSICH MELBA
Wenn du es wie der französische Chefkoch machen willst, brauchst du: Vanilleeis, geschälte Pfirsichhälften, Himbeeren, Staubzucker, geröstete Mandelsplitter und Schlagobers/Sahne.

So entsteht Pfirsich Melba:
Auf einen Dessertteller lege in die Mitte eine Vanilleeis-Halbkugel (mit dem Esslöffel aus der Packung gehoben), darauf kommt die Pfirsichhälfte. Mit Staubzucker bestreute Himbeeren, Mandelsplitter und ein Tupfen Schlagobers sind die Krönung!

MARIE UND PIERRE SIND NOBELPREISTRÄGER

Paris, im Frühjahr 1899. Ein Pferdefuhrwerk fährt durch die Rue Lhomond, jene Straße, in der die Schule für Physik und Chemie liegt. Es hält vor einem Nebengebäude der Schule, das einen kleinen Innenhof hat und sehr reparaturbedürftig aussieht. Als der Kutscher pfeift, kommen zwei Menschen aus dem Hoftor. Der Mann ist groß und schlank, trägt einen Vollbart und wirkt sehr ruhig. Die Frau ist klein und mager, aus ihrem hochgesteckten Haar haben sich ein paar Strähnen gelöst, sie scheint ziemlich aufgeregt zu sein. Beide tragen Arbeitsmäntel. Als der Kutscher beginnt, Säcke abzuladen, kann die Frau ihre Neugier nicht mehr zurückhalten. Sie nimmt einen der Säcke, löst die Schnur und schaut sich den Inhalt an. Sie taucht ihre Hände in den schmutzig braunen, erdigen Inhalt. Dann lächelt sie den Mann mit dem Vollbart an: „Hier ist es, Pierre. Hier drinnen ist unser Radium. Jetzt werden wir es bekommen."

Die beiden Wissenschaftler sind Marie und Pierre Curie, das berühmteste Ehepaar in der Geschichte der modernen Wissenschaft. Sie hat Chemie, Physik und Mathematik studiert, er ist Professor für Physik. Vor einem Jahr haben sie gemeinsam die Elemente Polonium und Radium entdeckt, Elemente, die eine merkwürdige Eigenschaft haben: sie entwickeln Strahlung. Nun wollen die Curies die Natur der Radioaktivität erforschen. Ihr Ziel ist es, Radium und Polonium in reinem Zustand herzustellen. Denn bisher konnten sie diese Elemente nur in winzigen Spuren nachweisen.

In Joachimsthal in Böhmen wird Pechblende abgebaut. Das ist ein schwarzes, auch grünlich graues Mineral, aus dem Uransalze gewonnen werden; diese werden von der Glasindustrie benötigt. Das restliche Material scheint jetzt wertlos zu sein und wird im Wald gelagert oder vergraben. Aber gerade jenen Abfall benötigen Marie und Pierre Curie so dringend für ihre Arbeit. Nun haben sie durch Vermittlung eines Kollegen aus Wien die erste Tonne dieser Rückstände der Pechblende kostenlos zur Verfügung gestellt bekommen. Nur den Transport müssen sie selbst bezahlen. Dafür hat das Ehepaar seine letzten Ersparnisse verwendet. Geld ist bei ihnen immer knapp. Die Curies sind Spezialisten in ihrem Fach, beide gehen begeistert bis fanatisch in ihrer Forschung auf. Für das Geldverdienen haben sie wenig Talent. Und so fehlt es ihnen an vielem, was sie für ihre Forschungen brauchen würden. Das Labor, das ihnen der Direktor der Physikschule zur Verfügung gestellt hat, ist eine Bretterbaracke. Im Sommer brennt die Sonne durch das Glasdach, im Winter ist es eiskalt. Regen tropft durch das Dach. Marie arbeitet meist im Hof, dort spürt sie den Dunst der schädlichen Gase, die sich bei den Experimenten entwickeln, weniger.

Marie und Pierre haben sich die Arbeit um die Erforschung der neu entdeckten Elemente und ihrer Strahlung geteilt. Während Pierre im Bereich der Physik forscht, arbeitet Marie an den chemischen Experimenten. Sie will reines Radium gewinnen. Pierre Curie muss die Konkurrenz anderer Physiker fürchten, denn Kollegen in aller Welt arbeiten ebenfalls an seinem Thema, und es wäre möglich, dass ein anderer vor ihm mit neuen Ergebnissen über die radioaktive Strahlung an die Öffentlichkeit kommt. Marie braucht sich diesbezüglich nicht zu sorgen. Keiner der Herren Wissenschaftler würde ihre chemische Arbeit übernehmen, denn es ist körperliche Schwerarbeit. Im Hof stehen Fässer und große Töpfe, die mit Flüssigkeit gefüllt sind. An einem großen Topf arbeitet, in einem alten Arbeitskittel, Madame Curie. Mit einer schweren Eisenstange, die fast ebenso groß ist wie sie, rührt sie langsam und gleichmäßig die Masse um. Dieser Vorgang kann stundenlang dauern. Dazwischen gießt sie immer wieder Flüssigkeiten aus anderen Töpfen ab, untersucht den Bodensatz. Sorgfältig notiert sie jeden Arbeitsgang. Wenn es einmal zu regnen beginnt, werden die Curies hektisch. All die Behälter und Apparate müssen wieder zurück in den Schuppen gebracht werden. Dort öffnen Pierre und Marie dann alle Fenster und Türen, damit sie trotz der Gas- und Geruchsentwicklung weiter arbeiten können.

Marie Curie wurde 1867 in Warschau in Polen geboren, Pierre 1859 in Paris. Pierre war eine Art Wunderkind, er hatte bereits mit achtzehn das Physikstudium an der Pariser Sorbonne abgeschlossen. Marie aber konnte in Polen nicht studieren, denn Frauen war der Besuch der Universität dort noch nicht erlaubt. Ihre Familie hatte wenig Geld, und so arbeitete sie zuerst einmal vier Jahre lang als Gouvernante und Privatlehrerin. Erst dann kann sich die kleine, scheue Marie Sklodowska ihren Traum erfüllen. Sie geht nach Paris und studiert Physik, Mathematik und Chemie. Ihre Leistungen sind exzellent, obwohl sie anfangs noch Probleme mit der französischen Sprache hat. Im Sommer 1895 heiratet sie Pierre Curie. Nun beginnen sie miteinander wissenschaftlich zu arbeiten. Gemeinsam forschen und experimentieren sie. Vom Frühstück bis zum Abendessen steht die gemeinsame Arbeit im Mittelpunkt ihres Lebens. 1897 kommt ihre Tochter Irène zur Welt, 1904 die Tochter Eve. Tagsüber kümmert sich Großvater Curie um die Kinder, morgens und abends die Eltern.

Während der vier Jahre, die die Curies an der Erforschung des Radiums arbeiten, gehen sie abends nie aus. Und sie erhalten kaum Besuch. Wie besessen nützen sie jede Minute für ihre Experimente.
Nach einiger Zeit des Experimentierens mit Radium stellen sowohl Pierre als auch Marie Veränderungen an ihren Händen fest. Die Finger sind entzündet, die Fingerspitzen emp-

findlich geworden, die Haut neigt zur Schuppenbildung. Oft geht es ihnen beiden nicht gut, sie sind müde und ausgelaugt. Marie ist sehr dünn geworden. All das sind die ersten Zeichen von Strahlenkrankheit, verursacht durch die Arbeit mit dem strahlenden Element und das Einatmen der radioaktiven Gase. Aber das finden sie erst später heraus.

Im März 1902 ist es so weit: die Curies haben ein Zehntel Gramm reines Radiumsalz gewonnen und können die Atommasse des Radiums bestimmen. Das bedeutet den wissenschaftlichen Durchbruch. Im November 1903 erhalten Marie und Pierre die Davy-Medaille, eine hohe Auszeichnung von Londoner Wissenschaftlern. Im Dezember 1903 wird Marie und Pierre Curie der Nobelpreis für Physik - gemeinsam mit Henri Becquerel - zugesprochen. Zu den Ehrungen muss Pierre Curie allein reisen, Marie geht es gesundheitlich schlecht. Außerdem sind ihr größere Menschenansammlungen ohnehin unangenehm. Auch das Aufsehen, das nun um sie beide entsteht, ist Marie lästig. Ehrungen, Bankette, Presseinterviews - all das nimmt nur ihre Zeit in Anspruch und hindert sie am Forschen. Finanziell geht es der Familie Curie nun besser. Es ist auch einfacher geworden, Geld für ihre Forschungen zu bekommen. Reich wollen die beiden nicht werden. Und so haben sie ihre Entdeckung, das Radium, nicht durch ein Patent schützen lassen. Sie halten ihr Wissen auch nicht geheim; wer immer wissenschaftlichen Rat oder Unterstützung braucht, findet bei Marie und Pierre eine offene Tür.

Im April 1906 läuft Pierre Curie gedankenverloren über die Straße und in eine fahrende Kutsche. Er ist auf der Stelle tot. Marie leidet sehr unter dem Tod ihres Mannes. Arbeit und Leben der beiden waren eng verbunden gewesen. Außerdem hatte Pierre Curie seiner zurückhaltenden, stillen Frau die manchmal notwendigen „Repräsentationspflichten" abgenommen. Marie ist verzweifelt. Aber nun springen die honorigen Herrn der Pariser Universität, der Sorbonne, über ihren Schatten: Sie bieten Marie Curie - Madame Curie, wie sie genannt wird - den Posten ihres Mannes an. Als erste Frau wird Marie Curie Professor an der Sorbonne. Daneben arbeitet sie weiter im Labor an der Erforschung des Radiums. Im Jahr 1911 erhält sie ein zweites Mal den Nobelpreis, diesmal für das Fach Chemie. Nun muss Marie den Vortrag vor der Königlichen Akademie der Wissenschaften in Stockholm doch selbst halten. Sie beginnt ihn mit einer Erinnerung an ihren verstorbenen Mann: „Ich glaube, dass die hohe Auszeichnung unserer gemeinsamen Arbeit gilt und so eine Ehrung des Andenkens Pierre Curies darstellt."

Madame Curie hat für die Erforschung des Radiums mit ihrer Gesundheit bezahlt. In den letzten zwanzig Jahren ihres Lebens leidet sie an Seh- und Hörstörungen, hat Probleme mit Nieren und Lunge. Dennoch arbeitet und forscht sie unermüdlich für ihre, wie sie sagt, „Adoptivheimat Frankreich". Marie gründet ein viel beachtetes Radium-Institut, das sie bis zu ihrem Tod im Juli 1934 leitet. Im Jahr darauf wird das Buch, das sie noch selbst fertig gestellt hat, veröffentlicht. Auf dem Einband steht der Name der Autorin, dazu: „Professor an der Sorbonne, Nobelpreis für Physik, Nobelpreis für Chemie". Der Titel des Werkes lautet: „Radioaktivität".

Die Arbeit von Marie und Pierre Curie ist somit die entscheidende Pioniertat zur Erforschung der Radioaktivität. Sie ist die Grundlage dafür, dass wir heute um deren Gefahren wissen und uns davor schützen können, und dass wir sie für viele Aufgaben in Technik und Medizin zu nutzen verstehen.

Agnès Desarthe

Reim für mich, dann küss ich dich!

Epoliodie empfing uns mit ihrem dicken fetten Leberwurstlachen, und als wir aus dem Bus ausstiegen, gab sie jedem von uns einen kleinen Klaps auf den Kopf; außer Iris. Ich sagte mir, sie verschonte sie, weil sie Iris noch nicht kannte.
In der Halle hatte die Direktorin die große Leuchttafel aufgehängt, die die Aufteilung der Zimmer anzeigte. Sobald wir hereingekommen waren, stürzten sich alle darauf, um zu sehen, wer mit wem zusammenkam. Iris blieb etwas abseits, weil sie niemanden kannte, und ich blieb an ihrer Seite ... ich weiß nicht warum.
Farid Constanza war der Erste, der sich beschwerte: „Auweia, Männer, ich bin nur mit zehnjährigen Pimpfen zusammen. Das hält der stärkste Mann nicht aus ..."
Epoliodie ließ ihn nicht weiterreden:
„Das nennt man Verantwortlichkeitstraining. Dieses Jahr ist jeder Fast-Jugendliche für eine kleine Gruppe von Mittleren verantwortlich. Jacqueline, ich meine die Frau Direktorin, findet, dass das ein ausgezeichnetes pädagogisches Projekt ist."
„Auweia, pädagogisch, das ist ja zum Ko...", sagte Julien Marchepied, der auf der Stelle von Epoliodie unterbrochen wurde.
„Julien, du hältst den Mund oder ich sage es deinem Vater."
Julien zuckte die Achseln und trat mit dem Fuß ins Leere. Monsieur Marchepied, sein Vater, war das Eindrucksvollste, was ich in meinem ganzen Leben gesehen hatte. Er muss zwei Meter groß sein und einhundertfünfzig Kilo wiegen. Wenn man ihn neben anderen Eltern sieht, hat man das Gefühl, dass er einer andersartigen, animalischen Gattung angehört. Er hat sehr dichte Augenbrauen, eine gebogene Nase, und sein Hals ist breiter als sein Unterkiefer. Ich habe ihn nie reden hören. Julien hat vor nichts Angst, er nimmt jede Strafe in Kauf und ist absolut cool, aber wenn man von seinem Vater spricht, wird er sofort lammfromm. Manchmal, nachts, wenn ich nicht einschlafen kann, denke ich, dass Julien Marchepied ein geschlagenes Kind ist.
„Alles zum Nachmittagsimbiss!", schrie Sylvie, um die Stimmung aufzulockern. Aber ich wusste, dass die Butterbrote mit Heidelbeermarmelade nicht ausreichen würden, um die gute Laune unter den Campern wieder herzustellen. Die Großen waren sauer, weil sie nicht unter sich waren und sich um die Kleinen kümmern mussten, und die Kleinen fanden es schrecklich, einen Großen in ihrem Zimmer zu haben. Füße schleppten sich, Stoßseufzer ertönten. Iris ging neben mir. Ich hatte das sonderbare Gefühl, dass wir einander nicht mehr verlassen würden. Ich war, glaube ich, ihr Schutzengel.

Im Speisesaal hörte man zuerst nur das Klappern der Messer und Tassen auf den Tischen. Ich hätte nicht gedacht, dass fünfundsechzig Kinder auf einmal derartig muffelig sein können. An unserem Tisch waren Coralie Fouchet und ihre beiden Freundinnen. Coralie ist neun Jahre alt, aber sie ist der Meinung, sie sei fünfzehn, sie zieht sich an wie eine Sexbombe, und alle drei Worte sagt sie „siehste". Ihre beiden Freundinnen Fifi Colbert und Gaelle Fritz, die Schwester von Milo, sind buchstäblich ihre Sklavinnen. Während Fifi ihr Butterbrote schmierte, goss Gaelle ihr heißen Kakao in die Tasse.
„Blas", befahl ihr Coralie, als die Tasse voll war. „Ich mag keinen heißen Kakao, ich mag ihn nur lauwarm."
Iris sah mich an und zuckte die Achseln. Ich überlegte, ob das vielleicht ihre Art und Weise war, darum zu bitten, dass ich mich einschaltete. Ich hatte mich noch nie vorher um ein Mädchen bemüht, und ich wusste nicht, ob es dazugehörte, mich vor aller Welt als Rächer aufzuspielen. Da ich mir nicht sicher war, zuckte ich einfach ebenfalls die Achseln.
Epoliodie näherte sich unserem Tisch und legte die Hand auf Iris' Arm.
„Wie geht's, mein Schätzchen?", fragte sie. „Magst du Heidelbeermarmelade?"
Iris schüttelte den Kopf und fing an, ein Butterbrot zu schmieren. Währenddessen beugte sich Coralie zu Fifi, um ihr, den Blick auf Iris gerichtet, etwas ins Ohr zu sagen. Bestimmt war es irgendetwas Gemeines, denn Fifi fing an zu lachen und machte ein Gesicht wie eine Kröte, die gerade eine Wespe verschluckt hat. Epoliodie rührte sich nicht, sie wich nicht von Iris' Seite, als wäre sie ihr Wachhund. Ich wünschte, sie würde verschwinden. Wenn sie zu lange bleibt, werden alle denken, dass Iris Epoliodies Liebling ist. Und Epoliodies Liebling war automatisch das schwarze Schaf im Feriencamp. Nur - wie hätte ich das verhindern können? Wenn ich an einem anderen Tisch gewesen wäre, hätte ich glatt meine Tasse umgeschüttet, oder ich hätte den Krug mit Kakao durch den Saal geschleudert, um Epoliodies Aufmerksamkeit auf mich zu lenken, aber ich war direkt daneben, und ich wusste mir keine Rat.
„Wenn du magst", sagte Epoliodie, und dabei kam sie ganz nahe an Iris' Gesicht heran, „kannst du nachher deine Mama anrufen."
Iris musste meine Gedanken gelesen haben, weil sie gerade in diesem Augenblick ihrer Tasse einen kräftigen Stoß versetzte, so dass diese zur anderen Seite des Tischs flog und sich über Fifi Colberts Knie ergoss.
„Bist du verrückt geworden?", brüllte Fifi und sprang von ihrem Stuhl auf. „Das ist total heiß. Sie hat mich verbrannt."
Sie fing an zu heulen und blökte dabei wie ein Schaf. Iris rührte sich nicht. Ihre Backen färbten sich erneut scharlachrot, und ich beobachtete, wie ihre Hände die

Stuhlbeine umklammerten, bis die Glieder ihrer Finger weiß wurden. Epoliodie ging auf Fifi los, packte sie an der Schulter, schüttelte sie wie einen Kirschbaum und schickte sie aus dem Speisesaal. Alle Köpfe drehten sich zu unserem Tisch um.
„He, Sebastian!", rief Farid mir vom anderen Ende des Saals zu. „Habt ihr Probleme?"
Coralie Fouchet stand auf, stieg auf ihren Tisch und verkündete:
„Diese aufgeblasene Gans hat meine Freundin verbrannt."
Coralies Zeigefinger deutete auf Iris, und ich weiß nicht, was mich davon abhielt, hineinzubeißen. Iris' Kinn war ganz zerknittert, und ich wusste, dass sie am liebsten vom Erdboden verschwunden wäre, so, als hätte sie niemals existiert.
„Dumme Kühe!", sagte Milou Fritz. „Die kann ich nicht ab."
Coralie setzte sich und schlug die Augen nieder, was nicht etwa dämlich, sondern hinterhältig wirkte - ein echter Triumph.
„Das wirst du mir büßen, du blöde Ziege", sagte sie zu Iris.
„Reg dich nicht auf", sagte ich zu Iris. „Sie ist ganz grün im Gesicht, weil ihr Verliebter dumme Kuh zu ihr gesagt hat."
„Mein Verliebter?", sagte Coralie mit kugelrunden Aufgen.
„Milou", sagte ich. „Milou ist dein Verliebter, du bist in ihn verliebt, seit du sechseinhalb Jahre alt bist."
Gaelle, Milous Schwester, sah Coralie an, als wollte sie sagen: „Waas?!? Meine beste Freundin ist verliebt in diese stinkende Bohnenstange, die mein Bruder sein soll? Das darf doch nicht wahr sein!"
„Stimmt das, Milou?", schrie ich durch den Saal. „Bist du wirklich Coralies Verliebter?"
Milou lachte sich halb tot.
„Du meinst wohl, er ist ihr Mann", fügte Julien Marchepied hinzu. „Ich frage mich sogar, ob sie nicht schon geschieden sind, wo sie sich schon so lange lieben."
Coralie verließ den Tisch, dicht gefolgt von ihrer Sklavin. Keiner muffelte mehr.
Die kleinen schwarzen Beeren, die in der Marmelade schwammen, flogen von einem Tisch zum anderen. Mich überkam ein Gefühl von Stolz; ich hatte Iris gerächt. Allerdings war es nicht sehr glorreich, als erstem Gegner einem drei Jahre jüngeren Mädchen die Stirn zu bieten.
Wo ich für Iris doch sogar einen Drachen gefressen hätte.

Eigentlich interessiert sich Sebastian nicht für Mädchen. Doch dann begegnet er im Ferien-Camp der rothaarigen und „sehr, sehr, sehr" intelligenten Iris - und verliebt sich prompt in sie. Als Sebastian sich schon in ihrer Gunst glaubt, muss er feststellen, dass Iris durchaus auch ein Auge auf seinen gut aussehenden Freund Farid geworfen hat ...

GRIECHENLAND

GRIECHISCHE REPUBLIK
Ellinikí Dimokratía

Fläche: 131 990 km²
Einwohner: 10,4 Mill.
Hauptstadt: Athínai (Athen)
Amtssprache: Griechisch
Religionen: Rund 97% der Bevölkerung gehören der griechisch-orthodoxen Kirche an. Die übrigen 3% sind Muslime, Katholiken, Protestanten und Monophysiten (armenische Christen).
Nationalfeiertag: 25. März, der als traditioneller „Unabhängigkeitstag" an den Beginn des Aufstandes gegen die Türken 1821 erinnert.
Währung: 1 Drachme = 100 Lepta
Lage: zwischen 34°48' und 41°45' n. Br. sowie 19°23' und 29°39' ö. L.
Zeitzone: Mitteleuropäische Zeit + 1 Stunde.

Geschichte

Griechenland ist seit der Altsteinzeit besiedelt. Mit Beginn der Bronzezeit entwickelte sich im 3. und in der 1. Hälfte des 2. Jahrtausends v. Chr. die ägäische Kultur. Sie umfasste die helladische Kultur auf dem griechischen Festland, die minoische Kultur auf der Insel Kreta und die Kykladen-Kultur auf den griechischen Inseln. Träger war eine einheitlich ägäische, nichtindoeuropäische Bevölkerung

1900 v. Chr.: Sie wurde durch von Norden nach Griechenland und in den Ägäisraum einwandernde indoeuropäische Stämme (die später als Achäer, Ionier bezeichneten Frühgriechen) unterworfen. Diese wurden die Träger der von der minoischen Kultur beeinflussten mykenischen Kultur. Dabei kam es an verschiedenen Fürstenhöfen (u. a. Mykene, Pylos, Tiryns) zu einer beachtlichen Machtentfaltung und Kulturentwicklung. Die Frühgriechen siedelten sich auch auf Kreta und anderen ägäischen Inseln, auf Zypern und an der West- und Südküste Kleinasiens an.

Ende des 2. Jahrtausends v. Chr.: Diese Kultur ging durch die Verschiebungen der Ägäischen Wanderung in langen Kämpfen zugrunde. In Griechenland bildeten sich die späteren stammesartigen Verbände heraus. Die politischen Zentren waren meist kleine Städte; an der Spitze der herrschenden Schicht des ritterlichen Adels stand der König. Die Wirtschaft beruhte fast ganz auf der Landwirtschaft; Krieg und Raub zu Wasser und zu Land spielten eine große Rolle.

750 - 550: Das war die Zeit der großen Kolonisation, zu der Übervölkerung, Zwistigkeiten und Handelsinteressen drängten. An den Küsten rings um das Mittelmeer entstanden selbständige Städte, die die Kulte, Sitten und Einrichtungen der Mutterstadt beibehielten, den Zusammenhang mit dem Mutterland bewahrten und somit einen Teil der griechischen Welt bildeten.

6. Jahrhundert v. Chr.: In friedlicher Auseinandersetzung, oft auch durch blutige Revolution lösten demokratische Staatsformen, an deren Anfang oft die Aufzeichnung geltenden Rechts stand, die Adelsherrschaft ab. Dabei kam es in den großen Städten im späten 7. und im 6. Jahrhundert v. Chr. zur Ausbildung der Tyrannis. Die Tyrannen waren Adlige, die als Führer breiter Schichten eine meist kurzlebige monarchische Herrschaft ausübten. Die führenden Stadtstaaten (Polis) in Mittelgriechenland waren Athen und Korinth. Auf dem Peloponnes wurde Sparta, das seine militärisch-aristokratische Staatsform bis ins 4. Jahrhundert v. Chr. beibehielt, der mächtigste Staat. Sparta war im 6. Jahrhundert v. Chr. als Hauptstadt des Peloponnesischen Bundes auch Vormacht Griechenlands, bis Athen ihm diese Rolle streitig machte. Der persische Übergriff auf Griechenland zwang jedoch zunächst zum Zusammenhalten.

490 - 479 v. Chr.: In den Perserkriegen wurde das Vordringen der persischen Weltmacht nach Europa verhindert. Durch die Siege über die Perser stieg Athen zur ersten Seemacht Griechenlands empor, übernahm die Führung aller zur Vertreibung der Perser aus der Ägäis bereiten griechischen Städte und schloss sich mit ihnen im Attischen Seebund 478/77 v. Chr. zusammen. Dieser wurde unter Perikles immer mehr zu einem Instrument Athens, um die Führung in Griechenland an sich zu reißen. So kam es zum Krieg (459 - 445 v. Chr.) zwischen Athen und Sparta und den jeweiligen Bundesgenossen. Zunächst blieb Athen erfolgreich, aber der Verschleiß seiner auch gegen die Perser gebundenen Kräfte veranlasste Perikles zum Friedensschluss mit den Persern und zu einem 30-jährigen Frieden mit Sparta. Die Friedenszeit brachte Athen seine höchste politische, wirtschaftliche und kulturelle Bedeutung.

431 v. Chr.: Der entscheidende Peloponnesische Krieg zwischen Athen und Sparta brach aus, Athen musste sich 405 v. Chr. den Spartanern ergeben; die Stadt wurde erobert und teilweise zerstört.

400 v. Chr.: Die kleinasiatischen Griechen wurden wieder von den Persern beherrscht, im Westen mussten die Griechen in Sizilien Karthago, in Italien die einheimischen Stämme abwehren. Sparta, das den Kampf gegen Persien wieder aufnahm, herrschte oft gewaltsam über die anderen griechischen Staaten, bis der Thebaner Epaminondas Spartas Vormachtstellung in mehreren Schlachten 371 v. Chr. ein Ende machte; aber auch die thebanische Hegemonie endete mit seinem Tod 362 v. Chr. Kein griechischer Stadtstaat war nun noch zur Führung fähig; Krieg folgte auf Krieg, hinzu kamen viele, oft blutige, Unruhen.

359 - 336 v. Chr.: Philipp II. von Makedonien gelang es, zum Herrn über Griechenland zu werden. Sein Sohn Alexander der Große (356 - 323 v. Chr.) eroberte das persische Reich und gründete zwischen Balkan, Nil und Indus sein Weltreich. Aus der Vereinigung griechischen und orientalischen Wesens entstand die hellenistische Weltkultur (Hellenismus). Erst nach den Diadochenkämpfen um Alexanders Nachfolge festigte sich das hellenistische Staatensystem. Die wichtigsten Staaten waren Makedonien unter den Antigoniden, das Seleukidenreich, das den gesamten asiatischen Reichsteil umfasste, und das Ptolemäerreich in Ägypten. In Griechenland selbst gab es nur kleine Stadtstaaten.

ab 200 v. Chr.: Kriege der hellenistischen Reiche untereinander führten schließlich zum Eingreifen der Römer. Sie unterwarfen Griechenland in langen Kämpfen; 148 v. Chr. wurde es römische Provinz. Der griechische Westen war schon im 3. Jahrhundert v. Chr. römisch geworden. Durch Augustus wurde das bis dahin freie, wenn auch unter der Oberhoheit des Statthalters von Makedonien stehende, Griechenland zur römischen Provinz Achaia. Dem politischen folgte der wirtschaftliche Niedergang.

395 n. Chr.: Bei der Teilung des Römischen Reiches fiel Griechenland an Ostrom. Das Land wurde von Westgoten, Awaren und Bulgaren heimgesucht.

6. Jahrhundert: Einwanderung von slawischen Siedlern.

9. Jahrhundert: Beginn der griechischen Rückeroberung.

13. Jahrhundert: Französische Adelsgeschlechter und Venezianer gründeten kurzlebige Herrschaften.

15.-17. Jahrhundert: Nach der Eroberung durch die Türken wurde Griechenland Bestandteil des Osmanischen Reichs. Das islamische Fremdenrecht sicherte der unterworfenen Bevölkerung mancherlei Eigenrechte, die die Griechen auf vielen Gebieten (Handel, Bildung, Kirche) zu nutzen verstanden; dadurch konnten sie auch unter der Fremdherrschaft eine gewisse Sonderstellung wahren. Bewaffnete Erhebungen schlugen jedoch fehl.

18./19. Jahrhundert: Der Freiheitswille der Griechen fand Unterstützung bei dem auf den Balkan drängenden Russland. Die von der Französischen Revolution ausgehenden liberal-nationalen Ideen und die zunehmende innere Schwäche des Osmanischen Reichs entfachten den Unabhängigkeitskampf, der 1821 ausbrach. Mit Hilfe weltweiter Sympathien und mit der Unterstützung durch Frankreich, Großbritannien und Russland gewann Griechenland 1832 seine Souveränität als Königreich. Die Nationalversammlung wählte den von den Großmächten vorgeschlagenen Wittelsbacher Otto I. zum König.

1862: Die wachsende Unzufriedenheit mit seiner Innen- und Außenpolitik kostete Otto nach einer Militärrevolte den Thron. Sein

Nachfolger wurde der englandfreundliche Dänenprinz Wilhelm als Georg I.

1908: Nach Aufständen gegen die Türken kam Kreta zum Mutterland. Der Führer der kretischen Anschlussbewegung, E. Venizelos, wurde 1910 Ministerpräsident und veranlasste die Teilnahme Griechenlands am 1. u. 2. Balkankrieg, in denen es bedeutenden Gebietszuwachs erhielt (u. a. Makedonien).

1917: Griechenland trat auf Seiten der Entente in den Weltkrieg ein. Griechische Truppen besetzten Kleinasien (Griechisch-Türkischer Krieg 1920 - 1922).

1924 - 1935: Griechenland war Republik. Bis zur Regierungsübernahme durch General J. Metaxas (1936 - 1941), der autoritär regierte, kam es immer wieder zu Unruhen und Regierungswechseln.

2. Weltkrieg: Griechenland wurde nach einem zurückgeschlagenen italienischen Angriff 1941 von deutschen Truppen besetzt. Die Widerstandsgruppen waren in Nationalisten, Kommunisten und „Volksbefreiungsarmee" zersplittert. Nach dem Rückzug der deutschen Truppen (1944) entwickelte sich daraus ein Bürgerkrieg zwischen Kommunisten und prowestlichen Regierungstruppen, der erst 1949 mit dem Sieg der Letzteren endete.

1948: Mitglied der OECD
1952: Mitglied der NATO
1981: Vollmitglied der EG
1967 ergriff eine Offiziersgruppe unter Oberst G. Papadopoulos die Macht und regierte diktatorisch. Nach einem erfolglosen Versuch, sie zu stürzen, verließ Konstantin II. Ende 1967 das Land, blieb aber formal Staatsoberhaupt. 1973 schaffte Papadopoulos die Monarchie ab und ließ sich zum Präsidenten wählen, wurde aber von einer anderen Militärjunta gestürzt. 1974 unterstützte diese einen Putsch gegen den zypriotischen Präsidenten Makarios und provozierte damit die türkische Landung auf Zypern. Nach diesem Misserfolg gab sie die Macht in zivile Hände zurück. In einer Volksabstimmung entschied sich die Mehrheit für die Republik. Zunächst regierte die konservative Partei „Neue Demokratie" (ND), sodann die „Panhellenische Sozialistische Bewegung" (PASOK).

1995 wurde K. Stephanopoulos als unabhängiger Kandidat zum Staatspräsidenten gewählt, Ministerpräsident ist seit 1996 K. Simitis.

Politik

Nach der revidierten Verfassung von 1975 ist der Präsident Griechenlands Staatsoberhaupt und zugleich Oberbefehlshaber der Streitkräfte. Er wird vom Parlament gewählt und ernennt den Ministerpräsidenten (Premierminister) aus den Reihen der Mehrheitspartei bzw. der stärksten Parlamentsfraktion und muss das vom Ministerpräsidenten gewählte Kabinett akzeptieren. Die Legislative besteht aus einem Einkammerparlament; dieses ist in drei Arbeitskreise untergliedert; die Gesamtheit aller Abgeordneten berät nur über die wichtigsten Staatsangelegenheiten.

Die griechische Verfassung von 1975 garantiert das Recht „auf die Freiheit zur Gründung politischer Parteien sowie zur Teilnahme an der Arbeit politischer Parteien". Ende der achtziger und Anfang der neunziger Jahre waren die stärksten Parteien die Panhellenistische Sozialistische Bewegung, die Neue Demokratie und die Kommunistische Partei Griechenlands.

Kulinarisches

Griechenland ist für einen Meer- und Sonnenhungrigen ein wunderschönes Land, um dort Ferien zu machen. Du bist überall herzlich willkommen und kannst gewiss sein, dass du als Gast aufgenommen wirst.
Ostern wird in Griechenland als großes Familienfest gefeiert. Zur Familie gehört, wer verwandt ist, wer den Familienheiligen verehrt und wer die Gastfreundschaft der Griechen zu teilen versteht. Aus dieser herzlichen Offenheit erwächst dann auch so manches Fest, das ein ganzes Dorf gemeinsam feiert. Zum Osterfest gibt es für jedes Mitglied der „Familie" ein rotes Ei.
Gewiss: Kreta hat seinen Gästen aus aller Welt wirklich großartige Sehenswürdigkeiten zu bieten: die Paläste in Knossos und Phaistos aus minoischer Zeit und ein überreiches Museum in Heraklion, Naturschönheiten wie die Schlucht von Samaria und die Hochebenen in den Bergen, malerische und vom Tourismus noch kaum berührte Fischerdörfer wie Panormo und auch für verwöhnte Touristen Orte wie Agios Nicholaios.
Die Erinnerung an laute und fröhliche Dorffeste und das Erlebnis schlichter und aufrichtiger Gastfreundschaft zählen aber neben den kulturellen Begegnungen mit zu den beeindruckendsten Erfahrungen einer Reise nach Griechenland.

Souvlaki

Was du dazu brauchst:
Fleischstückchen (in Würfeln von zirka 2 cm Seitenlänge), Salz, Pfeffer, Olivenöl, Oregano und Holzspießchen vorbereiten. Die Menge des Fleisches richtet sich nach dem Hunger und der Anzahl der Esser, die Fleischsorten nach dem Angebot des Fleischers und der Brieftasche des Koches oder der Köchin. Wenn möglich, sollte Lammfleisch dabei sein.

So wird's gemacht:
Die Würfel dicht an dicht auf die Spießchen stecken, salzen, pfeffern. Diese Fleischspieße werden von allen Seiten knusprig braun gegrillt (über Holzkohlenglut oder auf einem Plattengriller oder mit wenig Öl in der Pfanne).
Sind sie durch, wird Oregano

darübergestreut. Die Griechen lieben es, noch Zitronensaft darüberzuträufeln. Probiere das aus, bevor du sagst: „Das mach ich aber sicher nicht!" Nun isst man in Griechenland die souvlaki direkt vom Holzstäbchen und gabelt frischen Salat dazu.

Griechischer Bauernsalat

Pro Person brauchst du etwa: 1 Tomate und 5 cm Gurke (beides in Würfel geschnitten), 1/4 Paprikaschote in kleinen Quadraten, zirka 5 Zwiebelringe, zirka 1 Esslöffel Schafkäse, zirka 5 schwarze Oliven, Salz, Zitrone, Öl und Oregano.

So bereitest du den Salat zu: Das Gemüse mischen, Zitronensaft sparsam darüberträufeln, Olivenöl wird eher reichlich verwendet. Nun Oliven und Schafkäse in kleinen Stücken daraufsetzen, mit getrocknetem Oregano bestreuen. Erst kurz vor dem Servieren salzen, dann bleibt alles länger knackig frisch!

MELINA – VON BERUF GRIECHIN

Das Publikum jubelt. Noch einmal treten die Darsteller vor den Vorhang. Der Schlussapplaus scheint kein Ende zu nehmen. Seit Wochen ist das Mark-Hellinger-Theater am Broadway in New York ausverkauft. Entgegen allen Vorhersagen ist das Musical „Illya Darling" im Frühjahr 1967 zum Riesenerfolg geworden. Die Rolle der Illya, eines jungen Mädchens aus dem Hafen von Piräus, spielt die griechische Schauspielerin Melina Mercouri. Das amerikanische Publikum kennt und liebt sie aus Filmen, nun ist sie zum ersten Mal live zu sehen. Die große, schlanke, blonde Frau mit der rauen Stimme, die so weich und sanft wird, wenn sie zu singen beginnt, fasziniert alle. Melina Mercouri ist der Topstar des Musicals. Das Ensemble tritt noch einmal vor den Vorhang. Musik ertönt, und Melina Mercouri beginnt zu singen. Aber es ist nicht das „Mädchen von Piräus", der Hit aus dem Musical, sondern „Zorbas", ein Lied des griechischen Komponisten Mikis Theodorakis. Nun stimmt das ganze Ensemble mit ein. Als die letzten Töne verklungen sind, hebt Melina mit großer Geste die Hand, um den aufkommenden Applaus zu stoppen: „Meine Damen und Herren! Das Stück, das Sie gerade gesehen haben, zeigt nicht das Griechenland von heute. Jetzt lebt Griechenland unter einer Tyrannei. Die Musik von Mikis Theodorakis ist jetzt in meiner Heimat verboten. Verfassung und Gesetz gibt es nicht mehr, Wahlen sind untersagt. Das Licht Griechenlands ist erloschen."

In der Nacht des 21. April 1967 hat in Griechenland ein Militärputsch stattgefunden. Das Parlament wurde aufgelöst, die demokratischen Parteien wurden verboten. Panzer rasselten durch die Straßen von Athen. Allein in der ersten Nacht waren 10.000 Menschen verhaftet worden: Gewerkschafter, Politiker, Universitätsprofessoren, Künstler. Meinungsfreiheit wurde abgeschafft, die Folter eingeführt. Menschen, die Widerstand leisteten, wurden in Konzentrationslager eingesperrt. Melina Mercouri ist zu dieser Zeit zweiundvierzig Jahre alt. Sie ist bereits eine weltberühmte Schauspielerin und ein Filmstar. Melina ist eine warmherzige Frau, die gerne lacht. Ein dynamischer Mensch, der ständig in Bewegung sein muss. Wenn sie jemanden gern hat, geht sie auf ihn zu und umarmt ihn.

Sie kommt aus einer politischen Familie. Ihr Großvater war dreißig Jahre lang Bürgermeister von Athen, ihr Vater Parlamentsabgeordneter und Minister. Trotzdem hat sich Melina Mercouri nie um Politik gekümmert. Gegen den Willen ihrer Familie ist sie Schauspielerin geworden. Als sie siebzehn Jahre alt war, hat sie einen viel älteren, reichen Mann geheiratet, weil er ihr ermöglicht hat, die Schauspielschule zu besuchen. Sie war eine leidenschaftliche Schauspielerin. Theater und Film, das war ihr Leben. Bis zu jener Nacht, als sie - mitten in ihrer großen Erfolgssträhne in New York - der Anruf erreicht, dass in Griechenland die Gewalt regiert und viele ihrer Freunde verhaftet worden sind. Die Nachricht trifft sie schwer. Sie weiß, jetzt muss sie Stellung beziehen. Wenn sie als Mensch und Künstlerin Protest erhebt, kann es sein, dass sie nie wieder nach Hause darf. Viele Tage lang weiß Melina nicht, was sie tun soll. Und das macht sie fast krank. „Ich liebe alles an Griechenland.", sagt sie später. „Unsere Narrheit, unseren Humor, unsere Tapferkeit, unsere Leidenschaft, unsere Berge, auf denen keine Bäume wachsen, unser Meer, den Geruch nach Olivenöl und Tomaten, der unsere Straßen erfüllt, unsere Geschichte, unsere Vergangenheit. Wenn mir all das genommen wird, dachte ich, würde ich den Verstand verlieren." Melina Mercouri geht das Risiko ein. Sie entscheidet sich für den Widerstand. Sie will alles tun, damit ihr Land wieder demokratisch wird, ein freies Land für freie Menschen.

Währenddessen hat die Diktatur in Griechenland Melinas große Erfolge im Ausland für Eigenwerbung genutzt. „Unsere Melina erobert den Broadway", lauten die Schlagzeilen der regimetreuen Zeitschriften. Melina wird wütend. Und sie wehrt sich. Zuerst von der Bühne aus. Und sie gibt Interviews, tritt im Fernsehen auf, hält Vorträge. „Griechenland ist kein Land für Touristen mehr. Niemand kann nun ruhig mit einer Jacht an Inseln vorbeifahren, die zu Gefängnissen geworden sind", sagt sie. Die Welt wird aufmerksam. Melina wird nach Washington geladen, um im Kapitol vor amerikanischen Senatoren zu sprechen. Die Poltiker haben bereits Besuch aus Griechenland erhalten. Die Militärjunta schickt ihre Vertrauensmänner in alle Welt, damit die Menschen ein anderes, beschönigtes Bild von der Lage in Griechenland bekommen. Das Land ist ruhig, lassen sie wissen, es ist alles in Ordnung, kein Grund zur Panik. Der griechischen Diktatur geht es darum, Geld und Unterstützung zu erhalten. Auf manchen amerikanischen Senator scheinen die griechischen Militärs keinen schlechten Eindruck gemacht zu haben. „Ich weiß nicht, was Sie wollen", sagt einer von ihnen zu Melina Mercouri, „in Griechenland herrscht ganz offensichtlich Ruhe!" Melina streicht zornig ihre Haare aus dem Gesicht und funkelt ihn mit ihren bernsteingelben Augen an: „Die Griechen sind ein unbeständiges, temperamentvolles und wortreiches Volk. Wenn sie sich ruhig verhalten, dann liegen die Dinge ernstlich im Argen. Ich kann Ihnen diese Ruhe erklären. Es ist die Ruhe von Menschen, denen die Pistole an die Schläfe gesetzt wird."

Sieben Jahre lang nützt Melina Mercouri alle ihre Möglichkeiten. Sie lässt keinen Theaterabend zu Ende gehen, ohne am Schluss vor den Vorhang zu treten und über ihre Heimat

zu sprechen. Ihre großen Konzerttourneen durch ganz Europa werden zu engagierten Veranstaltungen für ein freies Griechenland. Ein Großteil des Honorars ihrer Auftritte gelangt auf geheimen Wegen nach Griechenland, für die Freiheitskämpfer.
In Griechenland wird Melina zur Volksfeindin. Ihr Besitz wird beschlagnahmt, man entzieht ihr die Staatsbürgerschaft. Sie erhält Drohbriefe. Im März 1969 entgeht sie in Genua nur knapp einem Bombenattentat. Melina muss lernen, mit der Angst zu leben. In all diesen Jahren ist ihr Mann, der Autor und Regisseur Jules Dassin, an ihrer Seite, er bestärkt sie in ihrer Arbeit. Jules Dassin hat seine Frau einmal so beschrieben: „Im Hauptberuf ist sie Griechin!"

Im Juli 1974, nach sieben Jahren, kommt es zum Sturz der Militärregierung. Griechenland ist endlich wieder frei. 48 Stunden später kehrt Melina in ihre Heimat zurück - ohne Pass, mit internationalen Flüchtlingspapieren. Sie will beim Aufbau des neuen Griechenland mithelfen, setzt sich für Flüchtlinge ein, produziert kritische TV-Sendungen über die Not des griechischen Volks. Der Chef der PASOK, der griechischen Sozialisten, bietet ihr an, für die Wahlen zu kandidieren. 1977 wird Melina Mercouri Parlamentsabgeordnete. Als sie ihre Antrittsrede in einem Hosenanzug halten will, schickt sie der konservative Vorsitzende vom Rednerpult zurück auf ihren Platz. Am nächsten Tag kommt sie im dunklen Kleid, so darf sie reden. Melina wird zu einer Art Sonderbotschafterin des Landes. Auf zahlreichen Auslandsreisen soll sie Werbung machen und internationale Kontakte knüpfen. 1981, drei Tage nach ihrem 56. Geburtstag, wird sie Ministerin für Kultur und Wissenschaft. Ihre unkonventionelle Art bringt Regierungskollegen auf die Palme. So verzichtet sie auf einen teuren Dienstwagen und fährt mit ihrem alten Jeep durch das Land. Wenn sie zusätzliches Budget für ihr Ressort benötigt, zieht sie alle Register, um sich durchzusetzen. Auch vor einem Wutanfall scheut die Ministerin nicht zurück. Acht Jahre lang bleibt sie in ihrem Amt. Dreiundvierzigmal wird in dieser Zeit die Regierung umgebildet, aber Melina bleibt immer unbestritten. Mit großem Engagement will sie Kunst auch für einfache Menschen zugänglich machen. Ihr Rezept gegen Armut ist Bildung. Der Musik-, Kunst- und Geschichtsunterricht an den Schulen wird durch sie verbessert, Bibliotheken werden gegründet, Museumsbesuche sind für Griechen kostenlos. Melina will, dass auch sich auch die Griechen als Europäer fühlen. Wenn Griechen damals nach Frankreich oder Italien fuhren, hieß es: „Wir fahren nach Europa!" Obwohl der Name Europa aus Griechenland stammt, hatten sie nie das Gefühl, dazuzugehören.
Melina Mercouri hat die Idee, dass jedes Jahr eine andere Stadt Europas Kulturhauptstadt sein solle. Im Jahr 1985 macht Athen den Anfang. Zahlreiche Ausstellungen, Veranstaltung und Gastspiele mit international bekannten Künstlern sind in Athen zu sehen. Den Parthenonfries, einen ungeheuren Kunstschatz, der im Jahr 1803 von einem britischen Lord von der Akropolis in Athen nach London „entführt" worden ist, will sie unbedingt wieder nach Griechenland zurück bringen. Ein Ziel, das sie nicht erreicht, obwohl sie es mit

großer Leidenschaft und Zähigkeit verfolgt.

Als im Jahr 1989 die PASOK bei den Wahlen unterliegt, muss Melina ihr Ministeramt abgeben. Der konservative Minister der Siegerpartei sagt damals: „Wenn wir klug wären, Melina, würden wir dich im Kulturministerium belassen. Aber wir sind es nicht." Im Jahr 1993 wird Melina noch einmal Chefin des Kulturministeriums. Sie hat viele Pläne. Mit Hilfe der UNO und der EU will sie das Ägäische Meer mit den 300 Inseln zu einem Kulturpark machen und die antiken Stätten um die Akropolis zu einem archäologischen Park vereinen.

Aber Melina bleibt nur noch ein halbes Jahr im Amt. Am 6. März 1994 stirbt sie an Lungenkrebs. Eine Million Menschen nehmen am Begräbnis von Melina - kein Mensch in Griechenland nannte sie je anders - teil. Und eine griechische Zeitung schreibt: „Die strahlendsten Augen und das wärmste Lächeln in Griechenland sind erloschen."

Menelaos Lundemis

Sankt Basilios

Etwas verbargen sie ihm. Er täuschte sich nicht. Ein großes Geheimnis, das sie hinter ihren Lippen verschlossen hielten. Er las es an ihren Augen und sah es an ihren feuchten Taschentüchern, die sie verzweifelt in ihren Händen zerdrückten. Ja, er täuschte sich nicht. Etwas Schweres lastete auf ihrem Haus. Etwas unendlich Schweres, das alles mit Stummheit füllte, alles.
Was war los? Niemand sagte Lambis etwas. Sogar Efterpi, die große Schwester, das „Mütterchen", auch sie schwieg. Sie ließ ihn stehen, ging vorbei mit geröteten Augen und verschwand in den Zimmern.
„Sei still ...", sagte sie nur zu ihm.
Gut. Aber wieso ausgerechnet heute? Heute, wo alle Häuser nach Kuchengewürzen duften, wo die Kinder auf den Straße wie fröhliche Kieselsteine herumspringen, wo

sie vor den Türen singen, wo sie lachen und fröhlich sind? Würde dieser Tag so vorübergehen? Bei geschlossenen Türen? Mit trüben Gesichtern? Mit Kleidern, schwarz wie Kohle?

Er weiß doch, an diesem Tag ging es sonst ganz anders zu. Drei Frauen kleideten ihn an, Efterpi gab ihm zwei laute Küsse - einen und noch einen. Dann nahm sie ihn auf die Schulter und lief zum Vater. War das ein Tag! Der Vater setzte ihn auf seine Knie, ließ in hochhüpfen, beschenkte ihn. Er nahm ihn an die Hand, und sie machten einen schönen Spaziergang. Und Abend, das war das Tollste! Schade nur, dass der Vater nicht dabei war. „Also, Kinder, ich gehe einen Augenblick an die frische Luft", sagte er und zwinkerte ihm zu.

Kurz darauf klopfte es dreimal an die Tür.

„Ssssst!", sagte Efterpi. „Er ist es, der Sankt Basilios. Er kommt."

Alle senkten die Stimme. Es klopfte wieder. „Herein!", sagte Efterpi.

Dann knarrte die Tür, und sofort schaute ein Kopf herein, schneeweiß, mit einem riesigen Bart. Einem Bart wie reiner Schnee. Dann erschien ein Stock und dann der Sankt Basilios selbst. Gebeugt vom Alter und den Gaben, kam er in die Mitte des Zimmers.

Er legte seinen Stock auf den Boden und suchte ringsherum.

„Was suchst du, Großvater?", fragte man ihn.

„Kinder."

„Wir haben hier eins."

„Ich sehe es nicht. Ihr müsst wissen ... Wenn ein Kind unartig ist, sehe ich es nicht. Meine Augen sehen nur die artigen Kinder."

„Unseres ist artig."

„Seltsam ... Wieso sehe ich es dann nicht?"

„Es hat sich versteckt ... deswegen."

„Versteckt? Dann lasst mich ... Ich werde es selber finden nach dem Geruch. Ich finde die artigen Kinder immer nach dem Geruch."

Lambis, versteckt zwischen den Röcken der Mädchen, brach mehrmals in ersticktes, kurzes Lachen aus, und sein Gesichtchen strahlte vor Glück. Es begann ein fröhliches Fangespiel, bis Sankt Basilios rief: „Stehen geblieben, ich habe dich! Wie heißt du, Knirps?"

„Lambis."

„Lambis ... Moment mal, Lambis, lass mich sehen, was ich in meinem Heft über dich stehen habe. Hm ... Was sehe ich. Eine, zwei, drei Unartigkeiten! Hm ... lass uns weiter sehen! Einmal hast du Efterpis Kleid beinahe verbrannt. Ist es nicht so, Efterpi?"

„Ja, Sankt Basilios ... aber er hat es nicht absichtlich getan."

„Ich weiß es, ich weiß. Sonst wäre ich ja nicht hierher gekommen. Weiter steht nur Gutes in meinem Heft. Zu allererst: Er verspottet nicht die anderen Kinder. Dann: Er lügt nie. Ist es so? Antwortet mir alle."
„Ja, so ist es."
„Schön."
Die Stimme des alten Sankt Basilios zitterte hier, und etwas war mit seinen Augen. Daher versteckte er sie, dass man sie nicht sah. Danach nahm er langsam seinen Stock und verschwand hinter der Tür.
Aber im vorigen Jahr war dann etwas geschehen ...
Als Sankt Basilios sich hinter der Tür entfernt hatte und Lambis auf die Rückkehr des Vaters wartete, um ihm die Geschenke zu zeigen, klopfte es plötzlich wieder an der Tür.
„Der Vater", sagte Lambis.
Aber die anderen erbleichten. Das Klopfen und die Stimmen, die man draußen hörte, waren nicht vom Vater.
Fremde Männer traten ein mit hässlichen Augen. Lambis erinnerte sich gut, dass sie hässliche Augen hatten. Ihre Hände mit seltsamen eisernen Fingern waren auf Efterpis Brust gerichtet. Sie traten gegen die Türen, auch gegen die Tür, durch die Sankt Basilios gekommen war. Dann erinnerte sich Lambis nur noch an die Arme des Vaters, der sich herabbeugte und ihn an sich drückte. Dann wurden seine Hände in ein Schloss gesperrt. Die Männer nahmen den Vater in ihre Mitte und stießen mit ihren eisernen Fingern nach ihm. Sie nahmen ihn mit und verschwanden.
Lambis kann man nicht täuschen. Dass sie nicht lachen, dass sie keine Neujahrskuchen backen, keine Vorbereitungen treffen, kann nur bedeuten, dass etwas sehr Böses geschehen war, was man vor ihm geheim hielt. Denn Efterpi hatte es ihm versprochen und darauf geschworen: Zum Neujahr würde er alles haben. Freude und Neujahrssingen, Sankt Basilios und den Vater. Ja, auch den Vater!
„Nur, du darfst nicht erschrecken, Lambis", hatte sie gesagt. „Der Vater ist ein wenig krank. Sie haben ihn mit dem Schiff gebracht. Aber bis zum Neujahr wird er wieder gesund, und wir werden alle zusammen sein und glücklich feiern."
Zu Mittag kam ein pechschwarzes Kleid über ihn und deckte ihn zu wie die lichtlose Nacht.
„Efterpi ... Efterpi ...", schluchzte das Kind. „Sagt mir doch. Was ist?"
Die Schwester schloss ihn in ihre Arme.
„Nichts, Jungchen ...", sagte sie zu ihm. „Halte dich fest an mich. Halt dich sehr fest an mich. Unser lieber Vater, Lambis ..."
„Was - der Vater? Was? Kommt er etwa nicht? Hat er mich vergessen?"
„Der Vater ... unser Vater, Lambis, ist tot. Unser Vater ist tot."
„Tot", sagte das Kind verwirrt. „Und wo ist er jetzt? Wo?"

„In der Kirche, Lambis."
„In der Kirche ... Und er ist sehr tot?"
„Sehr, Lambis. Ganz tot. Tot für immer."
„Ich will zu ihm, ihn sehen!"
„Du kommst hin. Wir gehen jetzt hin. Mach schnell, denn er geht bald fort."
Die Schwester zog sich an. Sie nahm das Gesichtchen des Jungen, küsste ihn, wusch ihn, nahm ihn an die Hand, und sie gingen ...
In der Kirche machte man ihnen Platz. Auch dort hatten alle Taschentücher. Nur einige mit harten Händen gruben fest die Fingernägel in die Hand. Efterpi stellte sich mit dem Kind vor die Bahre. Rechts und links vergossen zwei große Kerzen unerschöpfliche heiße Tränen.
Ja, er war bereit, fortzugehen. Ein kleines Schiff mit Blumen beladen stand bereit zur Abfahrt. Efterpi hob den Jungen hoch.
„Komm, Lambis", sagte sie zu ihm. „Küss unsern lieben Vater."
Aber wo war der Vater. Die Bahre war voller Chrysanthemen, zarte, schneeweiße Blüten. Und nur am Kopfteil lächelte sanft ein bleiches Gesicht, umrahmt von Blumen.
„Komm, küss ihn, Jungchen."
Lambis blieb reglos. Er sah den Toten an, sah ihn noch einmal, blickte auf zu seiner Schwester. Und plötzlich mit erregter Stimme: „Efterpi", sagte er zu ihr, „Efterpi."
„Was ist, Lambislein?"
„Der ist doch nicht unser Vater!"
„Wieso ist er es nicht, Lambis? Er ist es."
„Nein. Er ist der Sankt Basilios."
Die Schwester wandte sich zur Bahre. Ja, er hatte Recht. Inmitten der schneeweißen Blumen - wie damals in seinem Bart aus Watte - lächelte das geliebte Gesicht, der Sankt Basilios!
„Ja, Lambis. Er ist es. Der Sankt Basilios, der gestorben ist, damit alle Kinder Geschenke haben."

GROSSBRITANNIEN UND NORDIRLAND

VEREINIGTES KÖNIGREICH VON GROSSBRITANNIEN UND NORDIRLAND
United Kingdom of Great Britain and Northern Ireland

FLÄCHE: 244 100 km²
EINWOHNER: 58,3 Mill.
HAUPTSTADT: London
AMTSSPRACHE: Englisch
RELIGIONEN: vorwiegend protestantisch (72%, meist Anglikanische Staatskirche, in Schottland auch presbyterianisch), in Nordirland zu 35% katholisch.
NATIONALFEIERTAG: Orientierung nach dem Geburtstag des regierenden Monarchen, Datum wird jährlich neu festgelegt.
WÄHRUNG: 1 Pfund Sterling = 100 Pence
LAGE: zwischen 50° und 61° n. Br. sowie 1°45' ö. L. und 8°10' w. L.
ZEITZONE: Mitteleuropäische Zeit - 1 Std.

GESCHICHTE

43: Claudius (43) und Gnaeus Julius Agricola (77-84) eroberten das keltisch besiedelte Großbritannien.

3.-5. Jahrhundert: Seit dem 3. Jahrhundert mussten sich die Römer immer wieder gegen Invasionen durch die umliegenden Stämme wehren. Anfang des 5. Jahrhunderts konnten sie die Insel nicht mehr halten und verloren sie an lokale Herrscher. Seit dem 5. Jahrhundert versuchten die germanischen Stämme der Angeln, Sachsen und Jüten vom Festland aus die Kontrolle über Großbritannien zu erlangen. Im Laufe dieser Eroberung bildeten sich sieben angelsächsische Kleinkönigreiche (Kent, Sussex, Essex, Wessex, East Anglia, Mercia, Northumbria).

7. Jahrhundert: Die Bewohner der sieben Königreiche fanden sich allmählich zu einem gemeinsamen angelsächsischen Volk zusammen. Im Verlauf des Jahrhunderts nahmen sie den christlichen Glauben in seiner römischen Form an. Die Führung der sieben Königreiche übernahm Mercia unter König Offa.

871: Im 9. Jahrhundert waren die Angelsachsen immer wieder Ziel der Angriffe dänischer Wikinger.

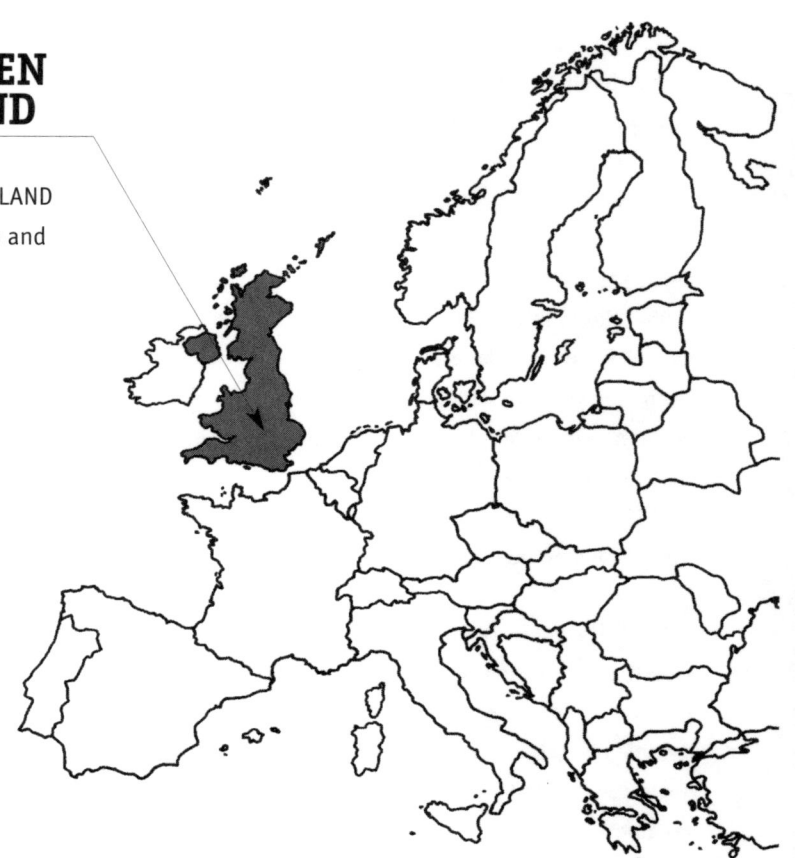

Wessex übernahm unter Alfred dem Großen die Führung der angelsächsischen Königreiche und zwang die Dänen 878 zur Unterzeichnung eines Friedensvertrags.

955: König Ethelstan von Wessex gelang es, das Königreich York von den Dänen zu erobern und ein gesamtenglisches Königreich zu schaffen.

1013: Ethelstan II. verlor seine Krone an den Dänen Sven Gabelbart.

1066: Harold II. Godwinson musste sich dem Invasionsheer unter Herzog Wilhelm geschlagen geben, der sich kurze Zeit später in Westminster zum König krönen ließ.

1154: 1135 kam es zum Bürgerkrieg, der 1154 mit der Übernahme der Krone durch Heinrich Plantagenet, Graf von Anjou (König Heinrich II.), endete. Unter Heinrich II. wurden die Grundlagen des Common Law geschaffen.

1171/72: Eroberung Irlands. Anerkennung der englischen Oberlehensherrschaft durch Schottland und Wales. In den folgenden Jahren kam es unter Heinrichs Söhnen Richard I. (Löwenherz) und Johann I. (ohne Land) zu Konflikten mit Frankreich um die englischen Gebiete am Festland.

1215: Die oppositionellen Barone in England erzwangen von König Johann I. die Festschreibung ihrer Rechte in der Magna Charta. Unter Heinrich III. herrschten bürgerkriegsähnliche Zustände, die 1264 mit der Gefangennahme des Königs und der Einberufung eines Parlaments endeten.

1282: Eduard I. gliederte das Fürstentum Wales endgültig in die englische Verwaltung ein (seither ist „Prince of Wales" Erbtitel der englischen Thronfolger).

1337-1453: Hundertjähriger Krieg zwischen England und Frankreich.

1455-1485: Rosenkriege zwischen den Plantagenet-Seitenlinien Lancaster (rote Rose im Wappen) und York (weiße Rose im Wappen) um die englische Krone.

1485: Die Schlacht bei Bosworth beendete die Rosenkriege mit der Übernahme des Thrones durch den ersten Tudor-König Heinrich VII.

1534: Der „Supreme Head Act" unter Heinrich VIII. vollzog die Trennung der englischen Kirche von Rom und machte den König zum anglikanischen Kirchenoberhaupt.

1558: Elisabeth I. wurde Königin von England.

1603: Unter Jakob I. waren die Kronen Englands und Schottlands erstmals vereinigt. Seine Politik führte zu Konflikten mit dem Parlament, das mehr Eigenständigkeit durchsetzen wollte.

1642: Im Bürgerkrieg wurden die Königstreuen („Kavaliere") von den Anhängern des Parlaments („Rundköpfe") bekämpft.

1649: Karl I. wurde hingerichtet, England zum „Commonwealth of England" erklärt (seit 1653 mit Schottland und Irland).

1653: Oliver Cromwell löste das Parlament auf und erhielt den Titel „Lord Protector of the Commonwealth of England".

1660: Karl II. führte die Monarchie wieder ein, musste aber die Rechte des Parlaments weiterhin anerkennen.

1688: Die unblutige Glorreiche Revolution wurde mit der Verabschiedung der „Bill of Rights" und der „Toleranzakte" im Jahr 1689 beendet.

1707: Die Vereinigung der Parlamente von Schottland und England schuf die Realunion Schottlands mit England. Amtliche Bezeichnung ist seitdem Großbritannien.

1800: Realvereinigung

Englands mit Irland. Neuer Staatsname wurde Vereinigte Königreiche von Großbritannien und Irland.

1815: Der Sieg Wellingtons über die Franzosen bei Waterloo beendete die napoleonischen Kriege.

1830: Zwischen Liverpool und Manchester wurde die weltweit erste Eisenbahnstrecke eröffnet.

1832: Die Reform Bill vergrößerte die Zahl der Wahlberechtigten und ordnete die Verteilung der Wahlbezirke neu.

1911: Aufhebung der Gleichstellung von Ober- und Unterhaus.

1914-1918: Britische Truppen kämpften im 1. Weltkrieg auf Seiten der Alliierten gegen die Mittelmächte.

1921: Der Süden Irlands wurde in die Unabhängigkeit entlassen und erhielt den Status eines Dominions innerhalb des Commonwealth. Neuer Staatsname wurde Vereinigtes Königreich Großbritannien und Nordirland.

1939-1945: Großbritannien stand im 2. Weltkrieg auf der Seite der Alliierten und wurde wiederholt durch deutsche Luftangriffe schwer getroffen. Nach Kriegsende war die weltpolitische Rolle stark geschwächt.

1945: Nach Ende des 2. Weltkrieges gewann die Labour Party die Wahlen; sie machte es sich zum Ziel, Großbritannien in einen modernen Sozialstaat umzuwandeln.

1947: Die britischen Kolonien Indien und Pakistan wurden unabhängig. In den folgenden Jahren folgten viele andere britische Kolonien in die Selbständigkeit.

1972: Nach gewalttätigen Ausschreitungen in Nordirland übernahm Großbritannien die direkte Regierungsgewalt über diesen Landesteil.

1973: Beitritt zur EG.

1993: Der britische Premierminister John Major und sein irischer Amtskollege Albert Reynolds einigten sich auf ein Programm für einen dauerhaften Frieden in Nordirland, das erstmals die katholische Untergrundorganisation IRA in Friedensverhandlungen mit einbezog.

1994: Ende des Jahres begannen erste offizielle Gespräche zwischen Vertretern der britischen Regierung und der Sinn Féin, des politischen Armes der IRA.

1995: John Major und der neue irische Premierminister John Bruton vereinbarten die Selbstbestimmung Nordirlands und die Bildung eines nordirischen Parlaments.

1997: Die Labour Party unter Tony Blair löste die konservativen Tories als regierende Partei ab.

POLITIK

Großbritannien und Nordirland besitzt keine einheitliche geschriebene Verfassung (Verfassungsurkunde). Die Verfassung des Königreichs besteht aus einer Reihe von Verfassungsgesetzen sowie aus Gerichtsentscheidungen zu Verfassungsfragen, Gewohnheitsrecht und insbesondere auch den Conventions, die keine eigentlichen Rechtsnormen sind, aber praktisch fast ebenso viel Verbindlichkeit haben.
Das Parlament kann Verfassungsgesetze nach denselben Regeln wie einfache Gesetze neu erlassen.
Nach seiner heutigen Verfassung ist Großbritannien eine parlamentarische Demokratie mit monarchischem Staatsoberhaupt. Rechtlich ist Träger der Souveränität „the

King (Queen) in Parliament", d. h. miteinander verbunden die Krone, das Oberhaus und das Unterhaus. Die politische Macht liegt beim Unterhaus bzw. bei der Regierungsmehrheit im Unterhaus. Der Monarch beruft den Premierminister aus den Reihen der Mehrheitspartei.

Das Unterhaus (House of Commons) wird nach allgemeinem, gleichem, direktem und geheimem Wahlrecht gewählt. Infolge des Wahlsystems der relativen Mehrheitswahl in Einer-Wahlkreisen hat Großbritannien ein klassisches Zweiparteiensystem: vor dem 1. Weltkrieg Liberale und Konservative Partei; seit 1935 Labour Party und Konservative.

Das Oberhaus (House of Lords) setzt sich aus rund 1200 teils erblichen, teils auf Lebenszeit ernannten weltlichen und geistlichen Lords (den Bischöfen der anglikanischen Kirche kraft Amtes) zusammen. Das Oberhaus hat kaum noch Einfluss auf die gesetzgeberischen Entscheidungen, es dient vor allem als Stätte von Debatten über Fragen, in denen es keine festen Parteistandpunkte gibt, und als oberstes Appellationsgericht.

Die Regierung gliedert sich in das weitere „Ministerium" (ca. 100 Mitglieder) und das engere „Kabinett" (15 - 20 Minister).

Kulinarisches

Weit gereiste Weltenbürger sagen über London: „Es gibt nichts, was dort nicht zu haben ist!" Nach London will jeder Teeny oder Twen. Der Mode, Musik und Sprache wegen. Für jugendliche Festland-Europäer zählt der erste „Sprung" übers Wasser noch immer zu den Abenteuern, die Herzklopfen verursachen. Obwohl vieles als so typisch britisch erlebt wird, ist London eine großartig multikulturelle Stadt, in der wir uns rasch wohlfühlten. Dir wird es ebenso ergehen. Auch Gaststätten mit den Spezialitäten aller Länder sind in London vertreten. Die englische Küche selbst gilt als langweilig - dabei vergessen wir, dass sie unser Leben um einige Freuden bereichert! Oder kannst du dir ein Leben ohne *sandwiches* oder *puddings* oder einen *snack* vorstellen? Auch ein richtiges englisches *full breakfast* mit *tea*, *cornflakes*, *kippers* (Heringe), *eggs* (in jeder Façon), *bacon*, *butter*, *toast*, *marmalade* (damit ist bittere Marmelade aus Orangen, Grapefruits oder Zitronen gemeint), *saussages, tomatoes* ... ist eine feine Sache!

„Why can't you starve in the desert?" - „Because of the *sand which* is there."
Der Erfinder der beliebten *sandwiches* war John Montagu, der vierte Earl of Sandwich. Der Earl war ein leidenschaftlicher Kartenspieler, der oft 24 Stunden mit Freunden pokerte. Da hatte er die Idee, Brötchen zusammenzuklappen - so brauchte er das Spiel nicht unterbrechen, um zu Tisch zu gehen. Original sind *sandwiches* aus schneeweißem dünnem Brot, mit Butter oder *sandwichspread* (Brotaufstrich aus Mayonnaise mit gehacktem Gemüse, Ei, Kräutern und Gewürzen) bestrichen. Das untere Brot wird mit Roastbeef, Schinken, Hühnerbrust, Fisch, Käse, feinen Gurkenscheiben, Salatblättern, Ei ... belegt. Darauf kommt eine zweite Scheibe Brot. Die Ränder ringsum werden exakt beschnitten.

Eine englische Nachspeise hat die Italiener so begeistert, dass bei ihnen aus der englischen

Trifle
(Kleinigkeit) die *zuppa inglese* wurde.

Dazu brauchst du:
2 Päckchen Vanillepudding und entsprechend Milch dazu.
1 Biskuitkuchen (etwa 3 mm dick, fertig gekauft),
Erdbeermarmelade oder Himbeermarmelade und passend frische Früchte,
gehackte Mandeln und gesüßtes Schlagobers/Sahne,
ev. kandierte Kirschen und ev. einige Makronen.
Im Original ein wenig Sherry - aber auch Tonic oder Sirup passen prima.

So wird's gemacht:
Mindestens drei Stunden vor dem Essen wird der Pudding entsprechend der Anweisung auf der Packung gekocht, mit Folie abgedeckt (so bildet er keine Haut) und auskühlen gelassen.
Vor dem Essen bereitest du dann die zuppa inglese fertig zu: Der Biskuitboden wird üppig mit Marmelade bestrichen und in kleine Würfel geschnitten. *Die Würfel kreuzweise einschneiden und mit Tonic oder Sirup beträufeln. Nun nimmst du für jede Portion ein weites Dessertglas/ ein Schüsselchen und legst einige Kuchenwürfel hinein. Die bestreust du mit gehackten Mandeln und zerbröselten Makronen, darüber kommen eine Lage frische Früchte und nochmals einige Kuchenwürfelchen. Nun löffle vom gekühlten Pudding eine Schicht darüber. Als Krönung kommen fest geschlagenes Obers, eine besonders schöne Frucht, Stückchen von kandierten Kirschen und gehackte Mandeln obenauf.*

Kannst du bei dieser Köstlichkeit verstehen, warum diese englische Spezialität sich international durchgesetzt hat?

WILLIAM SCHREIBT THEATER FÜR DAS VOLK

Das Theater ist ein großer runder Holzbau mit einem geräumigen, nicht gedeckten Innenhof. In diesen Hof ragt von einer Seite her die niedrige Bühnenplattform. Ein großer Vorhang trennt die dahinter liegenden Räume ab, in denen die Schauspieler sich unentwegt umkleiden müssen. Denn es gibt viel mehr Rollen zu spielen, als die Theatertruppe an Männern zählt. Im Hof wimmelt es von Zusehern, die aufgeregt und laut schwatzend, rufend, einander zuwinkend auf den Beginn der Aufführung warten. Tausend Menschen fasst dieser Innenhof, und es gibt keine Sitze, das Publikum muss stehen. Anders bei den im kreisrunden Gebäude in mehreren Stockwerken hochragenden Rängen. Das sind die so genannten Galerien, in denen das bessere Publikum in Logen sitzen kann. Die Galerien sind überdacht, sodass ein kurzer Regenschauer die feineren Damen und Herren der Gesellschaft nicht stört. Das einfache Publikum hat einen Penny bezahlt, das ist der Wert eines Laibes Brot. Die Karten für die besseren Logenplätze kosten ein Mehrfaches davon. Insgesamt dreitausend Menschen kann dieser Holzbau, das Globe Theatre am Südufer der Themse in London, aufnehmen.

Es ist zwei Uhr Nachmittag, als zwei junge Männer aus dem Vorhang heraus auf die Bühne treten und mit langen Fanfarenstößen den Beginn der Vorstellung ankündigen. Das laute und lebhafte Publikum hält aufmerksam inne. Dann tritt ein Schauspieler im schwarzen Samtmantel an die Rampe. Er zieht ehrerbietig seinen federgeschmückten Hut und beginnt mit hallender Stimme und theatralischen Gebärden, die Londoner im Globe Theatre auf eine große Geschichte einzustimmen. „Verzeiht, ihr Edelleute," schmeichelt er dem Publikum, „dass wir es wagen, auf diesem unwürdigen Gerüst euch große Geschichte zu zeigen. Stellt euch vor, in diesem Theater stehen zwei Königreiche einander feindlich gegenüber, doch wie könnte es die unzähligen Soldaten der Armeen fassen? Können diese Bretter die Schlachtfelder Frankreichs sein? Wenn wir von Pferden reden, müsst ihr sie euch denken. Wo ein Mann steht, müsst ihr tausende sehen. Denn es sind eure Gedanken, die unsere Aufführung schmücken müssen. Lasst uns mit eurer Phantasie Ort und Zeiten überspringen und das Geschehen vieler Jahre in ein Stundenglas zwingen …"

Nach dieser Rede an die Phantasie der Zuschauer beginnt die erste Szene im Vorzimmer des königlichen Palastes.

Das Stück, das die Londoner heute sehen, heißt „König Heinrich V." Der Autor des Stückes ist zugleich der Regisseur, und er hat selbst auch eine Rolle übernommen.

Sein Name ist William Shakespeare, und er ist jetzt, im Jahr 1600, der berühmteste Theatermacher Londons. William Shakespeare ist sechsunddreißig Jahre alt und seit etwa dreizehn Jahren beim Theater. Er hat sich als junger Mann einer Schauspieltruppe angeschlossen, die in seiner Heimatstadt Stratford gastiert hatte. Einer der Schauspieler hatte sich damals mit einem Rivalen duelliert und war in der Folge an den Verletzungen gestorben. Die Truppe suchte nun dringend Ersatz. William hatte bereits sehr früh, mit achtzehn Jahren, geheiratet und war Vater von drei Kindern. Trotzdem bewarb er sich bei der Theatergruppe, und er wurde aufgenommen. In den vielen Büchern, die später über Shakespeare geschrieben wurden, steht kein Wort darüber, was seine Frau zu dieser Entscheidung gesagt hat. Sie wird wohl ziemlich sauer gewesen sein. Auch die Leute in Stratford werden nicht besonders fein über den jungen Mann gesprochen haben, der seine Familie zurückließ und sich dem „fahrenden Volk", wie es hieß, anschloss. William dürfte sich um all das nicht gekümmert haben. Das Theater schien für ihn das Ziel all seiner Wünsche zu sein.

Die nächsten sieben Jahre waren für ihn Lehrjahre, denn den Schauspielberuf musste man damals genau so erlernen wie jedes andere Handwerk: nur in praktischer Arbeit; Schauspielschulen gab es nicht. Die Lehrlinge lernten sprechen, singen, tanzen, fechten und einige akrobatische Kunststücke. Schon bald durften sie auch selbst mitspielen. Sie waren jung, meist schlank, hatten frische Stimmen und mussten daher die Frauenrollen übernehmen. Die jungen Männer bekamen ausgestopfte Kostüme, trugen Perücken und wurden geschminkt. Zu Shakespeares Zeit durften nämlich wirkliche Frauen nicht auf der Bühne stehen, Theater war ausschließlich Männersache. Es ist nichts darüber bekannt, wie es William in diesen Lehrjahren ergangen ist. Im Jahr 1594 gründet er als Dreißigjähriger mit sieben anderen Männern eine eigene Truppe: „Lord Chamberlain's Men", benannt nach jenem Adeligen, der die Schirmherrschaft übernommen hatte. Das war zu dieser Zeit notwendig, denn die Schauspieler, die oft weit im Land herumkamen, wären ansonsten wie Vagabunden oder „herrenloses Volk" als vogelfrei, also rechtlos, behandelt worden. So aber standen sie unter dem Schutz eines Lords. Dafür mussten sie dem Herrn, so oft er sie brauchte, kostenlos für seine privaten Feste zur Verfügung stehen. William hat während seiner Lehrzeit das Theater durch und durch kennen gelernt. Er ist keineswegs nur auf der Bühne gestanden, um zu proben und zu spielen, er hat auch alle handwerklichen Arbeiten erlernt, die zum Theater gehören. Vom Kostümnähen bis zum Platzanweisen, vom Requisitenbauen bis zum Soufflieren, alles hat er selbst gemacht. Wie jeder Lehrling hat er beim Bühnenbauen Bretter zusammengenagelt oder die Perücken der Darsteller aufgefrisiert. Die Lehrlinge mussten überall zupacken, denn das Team war klein. Die Theatertruppen lebten direkt von den Einnahmen der Theaterkasse. Sie bekamen keine festen Gagen oder, so wie heute, staatliche Förderungen. William musste daher lernen, dass nur ein volles Haus den Erfolg sicherte. Sobald die Besucher ausblieben, weil sie das Stück nicht interessierte, blieb auch die Kasse leer.

Der junge Mann aus Stratford hat immer schon gerne gelesen. Die Stücke der alten griechischen Dichter, die Dramen römischer Autoren, französische und italienische Novellen verschlingt er förmlich. Er lässt sich von der Lektüre bezaubern, aber auch inspirieren. Schon während seiner Lehrzeit dürfte

William selbst zu schreiben begonnen haben. „Der Widerspenstigen Zähmung" ist eines seiner ersten Stücke, eine übermütige Komödie, die die Zuschauer begeistert. Es folgen die „Komödie der Irrungen" und die so genannten „Königsdramen", Stücke über englische Könige, voll von Zweikämpfen, Schlachten, Hochverrat, Intrigen und Mord, aber auch großen romantischen Liebesgeschichten. William weiß, was das Publikum sehen will, er weiß auch, was die Schauspieler spielen können und was die Bühne leisten kann.

Zu Shakespeares Zeit war das Bühnenbild oft recht karg: ein paar Stühle, ein Thronsessel, vielleicht ein Kampfwagen für eine Schlacht und ein paar Kanonen, viel mehr war nicht zu sehen. Statt nachgemachter Bäume und Felsen gab es große gemalte Bilder; wenn die Truppe auf Tournee ging, mussten oft auch nur einfache Schilder reichen: „Wald" stand darauf oder „Felsen". Das Theaterpublikum war bereit, seine eigene Phantasie einzusetzen. Denn wegen der Kargheit der Bühne musste es sich hineinfühlen. Und Shakespeare liebte aufwändige Stücke: große Schlachten wurden da auf der Bühne geschlagen, die Handlung spielte zum Beispiel erst in England, kurz darauf in Frankreich. Aber es gab keine Drehbühne, die den Zuschauern eine völlig andere Dekoration zeigen konnte. Alle Szenen wurden mehr oder weniger vor demselben Bühnenbild gespielt. Daher kam es darauf an, dass der Theaterautor die Szenen und die Texte besonders fesselnd und spannend schrieb. Jedes Stück musste sofort ein voller Publikumserfolg sein - ein Kassenknüller, wie man das heute nennen würde.

Das Publikum kam aus den verschiedensten Schichten der Bevölkerung: Lehrlinge, Soldaten, Dienstboten und Handwerker waren genauso darunter wie Rechtsanwälte und Ärzte. Auch viele Frauen kamen in die Vorstellungen, Mägde, Bürgersfrauen genauso wie Adelige. Pech hatten nur die, die sich nicht am Nachmittag Zeit fürs Theater nehmen konnten. Denn abends konnte in den ungedeckten Freilichttheatern nicht gespielt werden. Künstliche Beleuchtung, Scheinwerfer und elektrische Lampen gab es ja noch nicht. William Shakespeare hat es geschafft, all diese unterschiedlichen Menschen mit seinen Stücken zu begeistern. Seine Truppe - „The King's Men" hießen sie später - hatte fast immer ein volles Haus. Sechsunddreißig große Theaterstücke hat Shakespeare im Lauf seines Lebens geschrieben. Daneben viele Sonette, das sind Gedichte, voll von Witz, Ironie und Poesie. Der Spaß kommt auch in Shakespeares Stücken nicht zu kurz. In seinen Komödien sind stets zwei Narren auf der Bühne, die witzig und vorlaut, manchmal auch derb, das Publikum unterhalten. Zur Zeit Shakespeares sind die meisten seiner Stücke nicht gedruckt worden. Der Grund dafür war die ständige Angst vor der Konkurrenz. Wären die Stücke gedruckt veröffentlicht worden, hätten auch andere Theatertruppen Shakespeare-Stücke spielen können. Damit wären die Einnahmen der „King's Men" geschmälert worden. Es war überhaupt so, dass alle Theatertruppen ihre Manuskripte immer gut bewacht aufbewahrten. Gegenseitiger Diebstahl von Ideen und Texten war nämlich an der Tagesordnung. Nebenbei hat auch William - das ist heute erforscht - bei Kollegen seiner

Zeit ganz ordentlich abgeschrieben. Nur halt besonders gut, und darauf kam es an.

Vor Einbruch der Dämmerung geht die Aufführung von „König Heinrich V." im Globe Theatre zu Ende. Das Publikum hat um die besten Plätze gedrängelt, laut die Handlung kommentiert, gejubelt über die guten Helden, Schmährufe gegen die bösen ausgestoßen, zwischendurch Nüsse geknackt, geraucht und sich in jeder Beziehung gut unterhalten. Die Schauspieler haben sich stimmlich und körperlich fast völlig erschöpft. Noch einmal tritt der Mann in dem Samtmantel vor: „So hat unser - bescheidener und höchst einfacher, wenn nicht unzulänglicher - Dichter, der sich nun verneigt, diese großartige Geschichte erzählt. Lasst dies in euren edlen Gedanken Zustimmung finden."
Diese geradezu ironische Anbiederung der Künstler an das Publikum war im Stil der Zeit eine Art Höflichkeit und daher notwendig. Shakespeare war bereits hochberühmt, und niemand zweifelte daran, dass er ein großartiges Stück schreiben konnte.

William Shakespeare starb im April 1616 als reicher Mann. Heute gilt er als der bedeutendste Theaterautor überhaupt. Die größten Dichter und Dramatiker haben ihn als unerreichbares Vorbild bezeichnet. Und was damals in London in einem runden Bretterhaus echtes Volkstheater für einfache Menschen war, das wird heute von den berühmtesten Bühnen der Welt als so genannte „Hochkultur" aufgeführt. Trotzdem ist der wahre Shakespeare volksverbunden geblieben. Denn einige seiner großen Dramen wurden wieder Vorbilder und Grundlagen für moderne Filme und Musicals. Aus „Romeo und Julia" wurde die „Westside-Story", aus „Der Widerspenstigen Zähmung" „Kiss me, Kate". Texte des berühmtesten Shakespeare-Stücks, des „Hamlet", finden sich in anderer Form im Hippie-Musical „Hair", und „Der Sturm", eines der phantasievollsten Stücke des William Shakespeare, wurde sogar zu einem Science-Fiction-Fantasy-Film.

Roald Dahl

MATILDA

An dem Nachmittag, an dem sich ihr Vater geweigert hatte, ihr ein Buch zu kaufen, machte sich Matilda ganz allein auf und ging in die Stadtbücherei. Dort stellte sie sich der Bibliothekarin vor, einer Frau Phelps. Sie fragte, ob sie sich ein bisschen hinsetzen und ein Buch lesen dürfe. Frau Phelps, etwas verwirrt, dass so ein kleines Mädchen ohne elterliche Begleitung bei ihr auftauchte, erwiderte ihr trotzdem, dass sie herzlich willkommen sei.
„Wo sind bitte die Kinderbücher?", erkundigte sich Matilda.
„Sie stehen da drüben auf den untersten Regalen", erklärte ihr Frau Phelps. „Möchtest du vielleicht gern, dass ich dir ein schönes mit lauter Bildern heraussuche?"
„Nein, danke", antwortete Matilda, „ich kann das schon alleine."
Von nun an bummelte Matilda an jedem Nachmittag, sobald ihre Mutter zum Bingo gefahren war, zur Stadtbücherei hinunter. Der Weg war nur zehn Minuten lang, und so blieben ihr zwei herrliche Stunden, in denen sie friedlich in einer gemütlichen Ecke hockte und ein Buch nach dem anderen verschlang. Nachdem sie alle Kinderbücher gelesen hatte, die es dort gab, begann sie sich auf die Suche nach etwas anderem zu machen.
Frau Phelps, die sie in den vergangenen Wochen gebannt beobachtet hatte, kam nun hinter ihrem Tisch hervor und ging zu ihr.
„Kann ich dir helfen, Matilda?", fragte sie.
„Ich überleg mir gerade, was ich als Nächstes lesen soll", antwortete Matilda, „mit den Kinderbüchern bin ich durch."
„Du meinst, du hast dir alle Bilder angeschaut?"
„Ja, aber gelesen hab ich die Bücher auch."
Frau Phelps schaute von ihrer großen Höhe zu Matilda hinab, und Matilda blickte geradewegs zu ihr empor.
„Ein paar hab ich ziemlich schwach gefunden", sagte Matilda, „aber ein paar andere waren zu schön. Am besten hat mir ‚Der geheime Garten' gefallen. Da gab's so viel Geheimnis drin. Das Geheimnis von dem Raum hinter der verschlossenen Tür und das Geheimnis von dem Garten hinter der hohen Mauer."
Frau Phelps stand da wie vom Donner gerührt. „Wie alt bist du eigentlich genau, Matilda?", fragte sie.
„Vier Jahre und drei Monate", antwortete Matilda.
Das raubte Frau Phelps erst recht die Fassung, aber sie war vernünftig genug, es

nicht zu zeigen. „Was für ein Buch würdest du denn gerne als Nächstes lesen?", fragte sie.
Matilda erwiderte: „Am liebsten ein wirklich gutes, eins, das Erwachsene lesen. Ein berühmtes Buch. Ich kenn aber noch nicht die Namen."
Frau Phelps musterte die Bücherreihen und ließ sich dabei Zeit. Sie wusste nicht genau, was sie anbieten sollte. Wie wählt man nur, überlegte sie, ein berühmtes Erwachsenenbuch für ein vierjähriges Mädchen aus? Ihr erster Gedanke war, ein Jugendbuch herauszuziehen, eine von diesen süßlichen Geschichten, die für fünfzehnjährige Schülerinnen geschrieben werden, aber dann merkte sie, wie sie unerklärlicherweise instinktiv an diesem speziellen Regal vorüberging.
„Versuch es einmal mit diesem", sagte sie schließlich, „es ist sehr berühmt und sehr gut. Wenn's zu dick für dich ist, dann sag mir nur Bescheid, und ich suche dir etwas Kürzeres und Leichteres heraus."
„‚Große Erwartungen'", las Matilda, „von Charles Dickens. Da will ich gerne hineinschauen."
Ich muss verrückt sein, sagte sich Frau Phelps insgeheim, aber Matilda entgegnete sie: „Das kannst du natürlich gerne tun."
Im Lauf der folgenden Nachmittage konnte Frau Phelps kaum die Augen von dem kleinen Mädchen lösen, das stundenlang in dem großen Armsessel im hintersten Winkel des Raumes saß und das Buch auf dem Schoß hielt. Es lag ihr nämlich auf dem Schoß, weil es viel zu schwer war, als dass sie es in der Hand hätte halten können, und das bedeutete, dass sie sich vorbeugen musste, um lesen zu können. Es war ein merkwürdiger Anblick, dieses winzige dunkelhaarige Geschöpf, dessen Füße noch längst nicht den Boden berührten und das vollkommen versunken war in die wunderbaren Abenteuer von Pip und der alten Miss Havisham und ihrem spinnwebenumsponnenen Haus und in den Zauber, den Dickens, der große Geschichtenerzähler, mit seinen Worten bewirkt. Die einzige Bewegung des lesenden Kindes bestand darin, dass es von Zeit zu Zeit die Hand hob und eine Seite umblätterte, und Frau Phelps war immer wieder traurig, wenn es für sie an der Zeit war, in den hintersten Winkel zu gehen und zu sagen: „Es ist zehn vor fünf, Matilda."
In der erste Woche von Matildas Besuchen hatte Frau Phelps sie gefragt: „Bringt dich deine Mutter jeden Tag hierher und holt dich dann wieder ab?"
„Meine Mutter fährt jeden Nachmittag nach Aylesbury und spielt Bingo", hatte Matilda erwidert, „sie weiß nicht, dass ich herkomme."
„Aber das ist sicher nicht richtig", wandte Frau Phelps ein, „ich finde, du solltest sie lieber fragen."
„Das finde ich nicht", antwortete Matilda, „sie hält nichts vom Lesen. Mein Vater auch nicht."

„Und was solltest du jeden Nachmittag in einem leere Haus machen?"
„Nur so rumhängen und fernsehen."
„Aha."
„Es ist ihr eigentlich egal, was ich tue", setzte Matilda etwas betrübt hinzu.
Frau Phelps machte sich immer Sorgen, wie Matilda heil und sicher durch die ziemlich verkehrsreiche Hauptstraße und über die große Kreuzung nach Hause kam, aber sie beschloss, sich nicht einzumischen.
Innerhalb einer Woche hatte Matilda „Große Erwartungen" ausgelesen, ein Buch das in dieser Ausgabe vierhundertelf Seiten hatte. „Das hat mir gut gefallen", sagte sie zu Frau Phelps, „hat Herr Dickens noch andere Bücher geschrieben?"
„Ziemlich viele", antwortete die verblüffte Frau Phelps, „soll ich dir noch eins raussuchen?"
Im Lauf der nächsten sechs Monate las Matilda, stets aufmerksam und liebevoll von Frau Phelps beobachtet, die folgenden Bücher:

„Nicholas Nickleby" von Charles Dickens
„Oliver Twist" von Charles Dickens
„Jane Eyre" von Charlotte Brontë
„Stolz und Vorurteil" von Jane Austen
„Eine reine Frau - Tess von den D'Urbervilles" von Thomas Hardy
„Kim" von Rudyard Kipling
„Der Unsichtbare" von H. G. Wells
„Der alte Mann und das Meer" von Ernest Hemingway
„Schall und Wahn" von William Faulkner
„Die Früchte des Zorns" von John Steinbeck
„Die guten Gefährten" von J. B. Priestley
„Am Abgrund des Lebens" von Graham Greene
„Farm der Tiere" von George Orwell

Das war eine stattliche Liste, und unterdessen platzte Frau Phelps fast vor Staunen und Aufregung, und es war vermutlich nur gut, dass sie sich nicht gestattete, vollkommen den Kopf zu verlieren. Fast jeder andere, der die Fortschritte dieses kleinen Kindes verfolgt hätte, wäre der Versuchung erlegen und hätte einen ungeheuren Wirbel veranstaltet und das Wunder in der ganzen Stadt heraustrompetet. Nicht so Frau Phelps. Sie gehörte zu den Menschen, die sich nur um die eigenen Angelegenheiten kümmern, und sie hatte schon längst entdeckt, dass es sich nicht auszahlte, wenn man sich bei anderer Leute Kindern einmischte.
„Herr Hemingway schreibt vieles, was ich nicht verstehe", sagte Matilda zu ihr,

„besonders über Männer und Frauen. Aber es hat mir trotzdem gefallen. So wie er es erzählt, hab ich das Gefühl, ich wäre dabei und schaute zu, wie alles passiert."
„Dieses Gefühl wird dir ein guter Schriftsteller immer vermitteln", entgegnete Frau Phelps, „und kümmere dich nicht um die Kleinigkeiten, die du nicht verstehen kannst. Lehn dich einfach zurück und lass dich von den Wörtern umspielen wie von Musik."

Matildas Eltern sind oberflächlich, egoistisch und voller Widersprüche. So baut sie sich eine Gegenwelt mit Hilfe der vielen Bücher, die sie in der Stadtbücherei verschlingt, und beginnt, sich ihre eigene skurrile Familien- und Schulsituation zu basteln.

IRLAND

REPUBLIK IRLAND
Éire

Fläche: 70 284 km²
Einwohner: 3,6 Mill.
Hauptstadt: Baile Atha Cliath (irisch), Dublin (englisch)
Amtssprachen: Gaelisch, Englisch
Religionen: Etwa 93% römisch-katholisch, 3% anglikanisch, 4% andere.
Nationalfeiertag: 17. März - „Saint Patrick's day" - zur Erinnerung an den irischen Nationalheiligen.
Währung: 1 Irisches Pfund = 100 Pence
Lage: zwischen 51°05' und 55°05' n. Br. sowie 6° und 11° w. L.
Zeitzone: Mitteleuropäische Zeit - 1 Std.

Geschichte

ab dem 3. Jh. v. Chr.: Einwandernde Kelten (Gälen) verdrängten die Urbevölkerung. Einheitliches Recht und gemeinsame Religion verbanden alle irischen Stämme. Sie verehrten personifizierte Naturkräfte, und neben den Stammesfürsten übten die als zauberkundig geltenden Priester (Druiden) und die Sänger (Barden) großen Einfluss aus. Mit den Römern standen die Iren nur in lockerem wirtschaftlichem und kulturellem Austausch. Nie gehörte Irland, im Gegensatz zu England, dem Römischen Weltreich an.

seit der Mitte des 4. Jh.: Christianisierung Irlands

8. - 11. Jahrhundert: 795 versuchten die Wikinger sich auf der Insel festzusetzen, doch wurden sie zurückgedrängt und 1014 endgültig besiegt. Aber die jahrhundertelangen Kämpfe hatten Irland zerrüttet. Innere Wirren veranlassten irische Adlige, in England Schutz zu suchen.

1171: König Heinrich II. landete in Irland, nachdem er sich vom Papst mit der Insel hatte belehnen lassen. Die Maßnahmen der Eroberer - Aufhebung der irischen Stammesverfassung, Einführung des englischen Lehnswesens und Übertragung ausgedehnten irischen Grundbesitzes an englische Adlige - führten zu wiederholten Aufständen der Iren, die jedoch scheiterten.

1366: Durch das Statut von Kilkenny wurde - allerdings erfolglos - der Gebrauch der irischen Sprache verboten. Sein Höchstmaß erreichte der englische Druck auf Irland, als die englischen Könige aus ihrem Besitz auf dem französischen Festland verdrängt worden waren und in Irland Ersatz für ihre Machteinbuße suchten.

1541: Heinrich VIII. ließ sich zum König von Irland proklamieren und versuchte, seine in England durchgeführte Kirchenreform auf Irland auszudehnen. Hier stießen er und seine Nachfolger auf unüberwindlichen Widerstand; zur nationalen Feindschaft trat der konfessionelle Gegensatz.

1601: Als spanische Truppen in Irland landeten und zu den Aufständischen stießen, entsandte die englische Königin Elisabeth I. ein Heer, das die Iren entscheidend besiegte. Nun erst kam Irland vollständig unter englische Herrschaft. Das Land (besonders Nordirland mit Ulster) wurde an die einwandernden englischen Siedler verteilt, die Einwohner wurden mit größter Härte niedergehalten. Seit dieser Zeit lösten blutige Aufstände und schonungslose Gegenmaßnahmen der Unterdrücker einander ab.

1641: Als 1640 in England Verfassungskämpfe ausbrachen, riefen die Iren zum Großen Aufstand auf, der England schwere Verluste brachte. Wenige Jahre später kämpfte O. Cromwell jeden Widerstand nieder. Tausende wurden hingerichtet, das Hab und Gut aller an der Erhebung Beteiligten beschlagnahmt. Von nun an zwang die wirtschaftliche Verelendung viele Iren zur Auswanderung.

1688: Während der englischen Revolution versuchte Irland vergeblich, die Unsicherheit der politischen Lage auszunutzen. Die englischen Vergeltungsmaßnahmen richteten sich diesmal besonders gegen den Katholizismus: Priester wurden verbannt, der öffentliche Gottesdienst, katholischer Unterricht und Mischehen zwischen Angehörigen verschiedener Konfessionen verboten. Eine Milderung des Drucks und eine gewisse Selbständigkeit (Irisches Parlament 1782) brachten die Unabhängigkeitskriege der englischen Kolonien in Amerika.

1789: Der Ausbruch der Französischen Revolution ermutigte die Iren zu weiteren Forderungen. Erfolglose französische Landungsversuche und der irische Aufstand 1798 veranlassten England wieder zu einer Politik der Gewalt.

1801: Irland wurde mit England zum „Vereinigten Königreich Großbritannien und Irland" verbunden. In das britische Unterhaus durften jedoch aus Irland bis 1829 nur Protestanten entsandt werden. Als die Verelendung des Landes durch eine Kartoffelfäule (1846 - 1849) ihren Höhepunkt erreichte und eine schwere Hungersnot ausbrach, setzte eine Massenflucht in die USA ein.

1868 - 1874: Unter Gladstone schließlich Lösung von der englischen Staatskirche und eine Landreform. Mit seinen wiederholten Vorlagen im Unterhaus, Irland eine „Selbstregierung" (Home Rule), d. h. ein Parlament mit verantwortlichen Ministern zu geben, scheiterte Gladstone jedoch. Dennoch gewann die Unabhängigkeitsbewegung langsam an Boden.

1881: Der von den Engländern eingezogene Grundbesitz gelangte wieder in die Hände der irischen Bauern.

1898: Nach englischem Vorbild Einführung einer örtlichen Selbstverwaltung.

1900: Gründung der Vereinigten Irischen Liga (United Irishleague)

1914: Als in diesem Jahr das Home Rule in Kraft treten sollte, brach der 1. Weltkrieg aus.

1916: Bewaffeter Aufstand.

1921: Irland wurde nach Abtretung der Provinz Ulster (Nordirland) Freistaat, zunächst noch mit Dominionstatus.

1932: Der Nationalist Eamon de Valera wurde Präsident des irischen Exekutivrates. Er schaffte den Treueeid gegenüber dem englischen König ab und stellte die Jahreszahlungen an England ein.

1937: Die republikanische Verfassung machte Irland zum souveränen, unabhängigen und demokratischen Freistaat Éire. Großbritannien gab seine letzten militärischen Stützpunkte auf der Insel auf, erkannte aber erst 1945 die irische Verfassung an.

2. Weltkrieg: Irland blieb neutral.

1949: Irland schied endgültig auch aus dem Commonwealth aus. Beitritt zum Europarat.

1955: Mitglied der UNO

1973: Mitglied der EG

1985: Das Hauptproblem im Verhältnis zu Großbritannien ist die ungelöste Nordirland-Frage. Ein 1985 mit Großbritannien geschlossenes Abkommen sicherte Irland begrenzte Mitsprache in nordirischen Angelegenheiten.

Regierungspartei war meist die Fianna Fáil, die seit 1932 ununterbrochen die stärkste Vertretung im Parlament hatte. Während einiger Wahlperioden hat jedoch auch die Fine Gael in Koalition mit kleineren Parteien regiert. Staatspräsident wurde 1990 M. Robinson. Ministerpräsident ist seit 1997 Bertie Ahern (Fianna Fáil).

Politik

Die Verfassung von 1937, durch Volksabstimmung angenommen, erklärte Irland zum souveränen Staat Éire und erhob Anspruch auf die ganze irische Insel als Staatsgebiet. Der Präsident wird direkt vom Volk gewählt. Das Parlament besteht aus Senat und Repräsentantenhaus (Daíl). Während der Senat indirekt von einem besonderen Wahlgremium bestellt wird, wird die Daíl in allgemeinen, gleichen, direkten und geheimen Wahlen gewählt. Die Regierung mit dem Premierminister an der Spitze ist dem Parlament verantwortlich. Die wichtigsten Parteien sind Fianna Fáil („Schicksalskrieger", Republican Party) und Fine Gael („Gälische Sippe", United Ireland Party); sie sind beide aus der Unabhängigkeitsbewegung hervorgegangen.

Kulinarisches

Irland ist eine Reise wert! Die Landschaft ist einladend und abwechslungsreich, und die Iren selbst heißen dich willkommen. Du fühlst dich rasch als einer von ihnen, wenn du auf rothaarige Folkloresänger und Fiedler triffst, die auch gerne zu einem Tänzchen einladen. Du wirst dich wundern, wie rasch du mittanzt und mitsingst. So ist das nun einmal in Irland!
Vielleicht solltest du vor der Reise ein paar Mythen und

Märchen dieser grünen Insel lesen, um die Menschen noch besser zu verstehen. Sie wollen bleiben, wie ihre Vorfahren waren und sind doch auf dem besten Weg, Europa ihre Kraft und Eigenart anzubieten. Das irische Feuerwasser schreibt man *whiskey* - das schottische *whisky*. Jeder wie er will und das aus gutem Grund! Aber nicht nur die Schreibung macht den Unterschied - Kenner behaupten, da lägen Welten dazwischen ...
Eine Speise aus Irland hat die Welt erobert und wird auf der ganzen Welt gekocht, wo es Lammfleisch auf dem Speisezettel gibt:

IRISH STEW
Für das Original-Rezept brauchst du für vier hungrige Esser:
600 g Lammfleisch (von der Schulter, das Fett sorgfältig entfernt, und in Würfel geschnitten),
1200 g geschälte und in Scheiben geschnittene Kartoffeln/Erdäpfel,
600 g geschälte und in Ringe geschnittene Zwiebeln,
Salz, Pfeffer, Thymian, Suppe zum Aufgießen (oder auch nur Wasser).

So wird's gemacht:
In einen weiten Topf kommt zuunterst eine Lage Erdäpfel, darauf eine Schicht Zwiebeln, darauf eine Schicht Fleisch - wenig gesalzen, reichlich mit Pfeffer und Thymian gewürzt. Die restlichen Zwiebeln legst du auf das Fleisch, und darauf schichtest du nochmals Erdäpfel. Salzen und pfeffern, mit Suppe/Wasser aufgießen, bis alles bedeckt ist.
Zuerst musst du alles bei starker Hitze aufkochen lassen, dann lege einen gut schließenden Deckel auf den Topf und lass alles anderthalb Stunden garen. Ganz entfernen darfst du dich nicht. Vielleicht braucht dein Irish stew ein wenig mehr Flüssigkeit, damit es nicht anbrennt. Eine andere Variante ist, dass du den Topf nach dem ersten Aufwallen ins Backrohr schiebst und dein stew dort fertig schmort.

In fast jedem Land gibt es Pfannkuchen - und doch sind sie überall ein bisschen anders.
So auch die

IRISH PANCAKES
Du brauchst für vier als Nachspeise:
3 Eier, 1/4 l Obers/Sahne,
1 Teelöffel gemahlene Muskatnuss, 3 Esslöffel Zucker,
50 g Butter, 6 Esslöffel Mehl, Butter oder Öl zum Ausbacken.

So werden aus den Zutaten die pancakes irish style:
Eier in einer Schüssel mit dem Handmixer schaumig aufschlagen, das angewärmte Obers eingießen. Nun mische Muskatnuss, zerlassene Butter und Zucker dazu, löffle das Mehl langsam dazu - ein Löffel nach dem anderen - und mixe alles gut zusammen.
In einer Pfanne erhitze das Fett und backe dünne, kleine Pfannkuchen. Mit Zucker überpudert werden sie dir noch besser schmecken.

PATRICK KEHRT WIEDER ZURÜCK

Wilder Kampflärm reißt ihn aus dem Schlaf. Mit einem Satz springt der fünfzehnjährige Patricius von seinem Lager hoch. Als er zur Tür läuft, die hinaus in den Hof führt, hört er Männergeschrei in einer fremden, ihm völlig unverständlichen Sprache. Die fremden Krieger sind bereits in den Hof eingedrungen, durch einen Spalt in der Tür kann Patricius sie sehen. Wild schauen sie aus. Große Kerle, in Felle gehüllt, mit langen Bärten und wirren Haaren.

Seit die Römische Legion Britannien verlassen hat, haben die Leute in der Stadt oft von möglichen Überfällen geredet. „Jetzt ist es vorbei mit der Ruhe, jetzt werden wilde Pikten und Iren wie die Wölfe über uns herfallen und uns berauben." Die Männer, die jetzt in die Stadt eingedrungen sind, kommen aus Irland. Sie sind Piraten. Piraten, die die Küste Britanniens nach Süden entlang fahren, und dort, wo es sich lohnt, an Land Ortschaften überfallen, plündern, morden und brandschatzen.

Jetzt sieht Patricius diese gefürchteten Räuber zum ersten Mal. Patricius überlegt nicht lange. Er ist zwar ein ausgesprochen schlechter Schüler, aber er ist der schnellste Läufer und auch im Wettkampf der Beste. Das will er jetzt auch beweisen. Mit einem lauten Schrei reißt er die Tür auf und will sich auf die Eindringlinge stürzen. Ein Schlag, der ihn von hinten trifft, wirft ihn sogleich zu Boden. Der rothaarige Riese, der ihn mit bloßer Hand niedergestreckt hat, schüttelt sich vor Lachen. Dann hebt er den bewusstlosen Burschen hoch, wirft ihn über seine Schulter und marschiert Richtung Schiff.

Die irischen Piraten haben leichtes Spiel. Obwohl die Bewohner dieser Stadt, irgendwo im Süden Britanniens, oft von drohender Gefahr gesprochen haben, sind sie nicht auf den Überfall vorbereitet. Es gibt viele elegante Häuser hier, prunkvolle Villen, komfortabel im römischen Stil eingerichtet. Mit Bädern, Fußbodenheizungen und Wandmalereien. Die langen Jahre der römischen Herrschaft in Britannien haben ihre kulturellen Spuren hinterlassen. Ein Großteil der keltischen Bevölkerung hat sich mit den Römern arrangiert. Viele haben schon den christlichen Glauben angenommen. Auch die Familie von Patricius ist christlich, sein Großvater ist Bischof, der Vater Diakon. Zu dieser Zeit, um 400 nach Christus, ist es noch selbstverständlich, dass die Priester der Christen verheiratet sind. Der Vater des Patricius ist außerdem auch Ratsherr, ein angesehener und reicher Mann. Die Piraten rauben, was nicht niet- und nagelfest ist. Aber besonders sind sie an jungen, kräftigen Männern und Frauen interessiert, denn die bringen auf jedem Sklavenmarkt das meiste Geld ein.

Dieser Tag im Herbst 401 verändert Patricius' Leben von Grund auf. In den folgenden sechs Jahren arbeitet der ehemals reiche, verwöhnte junge Mann als Sklave in Irland. Als Schafhirte hat er ein hartes Leben. Sommer und Winter ist er Wind und Wetter ausgesetzt, ständig muss er sich und die Schafe vor hungrigen Wölfen schützen. Zu essen bekommt er nur das Allernotwendigste, und wenn ihm einmal ein Tier der Herde verloren geht, so lässt ihn sein Herr nach Herzenslust verprügeln. Patricius ist oft allein, er hat viel Zeit zum Nachdenken. Mit den Jahren lernt er auch die Sprache der Iren, das Gälische. Die irische Bevölkerung besteht aus einigen reichen, mächtigen Stammesfürsten und deren hauptsächlich armen Untertanen - einfachen Bauern, Hirten und wandernden Handwerkern.

Patricius lernt in diesen Jahren das Leben dieser Menschen kennen und auch verstehen. Die Iren sind aus christlicher Sicht Heiden. Sie sind Kelten und glauben an viele Götter, Geister und Dämonen. Sie haben geheimnisvolle und dem Vernehmen nach auch grausige Zeremonien und Feste. Die Priester nennt man Druiden. Sie gelten als weise, sind mächtige Männer, denen magische Kräfte nachgesagt werden. Seit alter Zeit kennen die irischen Druiden eine Prophezeiung: Ein kahlköpfiger Mann wird nach Irland kommen, sagt diese Weissagung, in seiner Hand trägt er einen gebogenen Stab. Sein Mantel besteht aus einem einzigen Stück Stoff, in dessen Mitte ein Loch für den Kopf ist. Wenn dieser Mann kommt, so heißt es, wird die Zeit der Druiden zu Ende gehen.
Niemand wäre je auf den Gedanken gekommen, dass dieser Mann der junge Sklave aus Britannien sein könnte.

Auf glücklichen Wegen, über die später nichts berichtet wird, gelingt schließlich Patrick - so nennt sich der junge Mann nun irisch - die Flucht. Mit einem Schiff verlässt er Irland. Er bereist „Gallien und Italien und die Inseln der Tyrrhenischen See", das schreibt er als alter Mann in seinen Lebenserinnerungen. Sie sind in fehlerhaftem Latein verfasst, denn: „Ich bin Patrick, ein Sünder, ganz ohne Bildung", so beschreibt er sich selbst.
In Gallien, dem heutigen Frankreich, tritt Patrick einige Jahre später in ein Kloster ein. Er studiert dort und wird später zum Priester geweiht. Sein Plan steht schon damals fest. Patrick will wieder zurück nach Irland, um dort den christlichen Glauben zu verkünden. Patrick hat das irische Volk seiner Zeit gut

kennen gelernt. Er weiß, wie ein Mann dort auftreten muss, um etwas zu erreichen. Daher reist er im Jahr 432 mit großem Gefolge nach Irland: ein Priester, ein Hilfsbischof und ein Rechtsgelehrter sind bei ihm, eine Leibwache, weiters ein Psalmist und ein Glöckner für die Messfeier, je ein Koch, Brauer, Mundschenk für die Verpflegung. Dazu zwei Diener, ein Wagenlenker, ein Ofenheizer, ein Kuhhirt, drei Maurer, drei Schmiede, drei Handwerker für Metallarbeiten für geplante Kirchenbauten, drei Stickerinnen für die Altartücher und Messgewänder und ein Schreiber für den nötigen Schriftverkehr.

Patrick gibt sich vorerst auch nicht mit den kleinen Bauern ab. Er weiß, dass er zuerst die großen Stammesfürsten und Könige überzeugen muss. Nur wenn er diese für den neuen Glauben gewonnen hat, hat es Sinn, sich um das einfache Volk zu kümmern.

Sein Plan ist gut durchdacht, und er funktioniert. Die große Gruppe fremder Menschen beeindruckt die noblen Herren Irlands, vor allem erstaunt alle, dass der Fremde in der wollenen Kutte so ausgezeichnet gälisch spricht. In einer Zeitspanne von etwa dreißig Jahren schafft es Patrick, einen großen Teil der Bevölkerung der irischen Insel zu taufen. Wo immer er hinkommt, gründet er christliche Gemeinden und lässt eine Kirche bauen. Eine Gruppe von jungen Priestern, die er aus Frankreich nachkommen ließ, setzt er in den neuen Pfarren ein. Als Patrick, der Bischof von Irland, im Jahr 461 stirbt - wahrscheinlich in der Nähe von Belfast - ist sein Lebenswerk gesichert. Dreitausend christliche Mönche leben bereits auf der „Insel der Heiligen", wie Irland später genannt wird. Von Irland aus werden die Mönche im frühen Mittelalter nach Europa wandern, um als Missionare den christlichen Glauben auf dem Kontinent zu verbreiten und zu festigen.

St. Patrick ist bis heute unumstrittener Nationalheiliger der Iren. Nicht nur auf der Grünen Insel, sondern überall dort, wo irische Menschen leben. Also auch in Großbritannien, den USA, Canada, Australien, um nur die wichtigsten zu nennen. In Irland ist der 17. März, St. Patrick's Day, ein groß gefeierter Staatsfeiertag.

Die alte Prophezeiung der Druiden, vom kahlköpfigen Mann mit dem Hirtenstab und dem Hirtenmantel, der ihre Zeit ablöst, hat sich also erfüllt. Und dies weit, weit über Irland hinaus.

Patricia Lynch

Pat O'Brian und die Zaubermelodie

Die Geigenmusik war verklungen. Die kleinen Musikanten legten ihre Trompeten und Flöten beiseite. Die Gäste setzten sich mit gefalteten Händen an ihre Tische, und die Tänzer stellten sich in Gruppen zusammen. Der König und die Königin erhoben sich, als ein alter Mann in einem purpurnen Gewand und mit einem Silberreif auf dem weißen Haar gemessenen Schritts durch die Halle ging. Zwei Jünglinge begleiteten ihn: Einer trug eine goldene Harfe, der andere einen aus Ebenholz geschnitzten Stuhl.
Als der alte Mann die Empore erreicht hatte, war der Stuhl bereits neben den der Königin gestellt worden. Er setzte sich, und die Harfe wurde ihm gereicht.
Sobald er die glänzenden Saiten berührte, ging ein Raunen durch die Menge.
‚Zum Teufel mit ihm und seiner goldenen Harfe', dachte Pat ungehalten. ‚Der hat sogar zwei Jünglinge als Gehilfen, und wie werde ich behandelt?'
Er war so eifersüchtig, dass er kaum zuhörte, obwohl er nie zuvor so wundervolle Musik gehört hatte.
‚So schön singen auch die Vögel bei Tagesanbruch', dachte Pat. ‚Aber es wäre eine gute Geschichte für einen Winterabend und könnte mir eine schöne Mahlzeit einbringen. Das Dumme daran ist nur, dass niemand einem glaubt, wenn man eine wahre Geschichte erzählt. Da halte ich mich doch lieber an meine alte Fiedel.'
Die dünnen Finger des alten Mannes bewegten sich blitzschnell hin und her. Was auch immer in Pats Kopf vorging, sein Herz schlug vor Entzücken. Er lächelte über sich selbst und empfand große Zuneigung für das Kleine Volk.
‚Was für eine Nacht', lachte er in sich hinein.
Dann ging eine Woge aus Schmerz und Verzweiflung von der Harfe aus. Pat hatte seit seiner Kindheit nicht mehr geweint. Doch jetzt spürte er, wie dicke Tränen langsam seine Wangen hinunterrollten. Die Elfen schauten sich traurig an, und Brogeen schnäuzte sich in sein Taschentuch.
„Die Welt ist wirklich ein Jammertal", stöhnte Pat.
Der Harfenspieler legte seinen Kopf zurück. Seine Augen blitzten, und seine Finger griffen so wild in die Saiten, dass die Halle von stolzen, erhabenen Klängen erfüllt war. Alle Anwesenden, selbst der König und die Königin, sprangen hoch und sangen und klatschten mit.
Pat war so aufgewühlt, dass er Brogeens Warnung vergaß. Er griff nach seiner Fiedel und sprang auf.

„Du bist ein begnadeter Musikant!", rief er. „Der Beste, den ich seit Jahren gehört habe. Aber ich bin genauso gut. Hört mir zu!"
Doch bevor er auch nur einen Ton spielen konnte, war er von dem Kleinen Volk umringt.
„Wer ist der Fremde?", riefen sie. „Wer hat ihn hereingelassen? Woher kommt er überhaupt? Werft ihn raus! Knotet ihm seine Ohren und seine Beine zusammen! Nehmt ihm seine Fiedel weg! Werft den Schleier des Vergessens über ihn!"
„Nimm die Beine in die Hand, Fiedler!", rief Brogeen und öffnete das Tor. „Lauf, so schnell du kannst, wenn dir dein Leben lieb ist!"
„Ich werde nicht gehen!", brüllte Pat O'Brian zornig. „Ich kenne den Schneesturm da draußen, und ich lasse mich nicht von diesen Grashüpfern dorthin zurückschicken!"
Die Elfen packten seine Arme und Beine. Er schüttelte sie ab. Er versuchte, sich einen Weg zu dem Harfenspieler zu bahnen, der das Gerangel beobachtete.
Pat lachte.
„Um nichts in der Welt werde ich in diese stürmische Nacht hinausgehen!", schrie er.
Sie hingen an seinem Mantel, sie warfen sich an seinen Hals und setzten sich auf seine Schultern. Er ruderte mit den Armen vor und zurück, doch er konnte sie nicht abschütteln. Langsam drängten und schoben sie ihn zum Tor, wo die graue, einsame Morgendämmerung lauerte. Pat wehrte sich mit aller Kraft, während er die Fiedel unter einem Arm und sein Bündel unter dem anderen hielt.
„Alle zusammen!", befahl der König.
Unzählige winzige Hände versetzten Pat einen letzten Stoß, sodass er den Berg hinunterstrauchelte.
„Ich habe die Melodie!", brüllte er. „Ich werde doch noch mein Glück machen! Ich habe die Zaubermelodie!"
Das Tor des Elfenschlosses wurde hinter ihm zugeschlagen.

Der Fiedler Pat O'Brian ist ein Außenseiter der Gesellschaft. Mit Hartnäckigkeit verschafft er sich Zutritt zur Welt der Elfen und bringt von dort den Menschen die Zaubermelodie mit.

ITALIEN

ITALIENISCHE REPUBLIK
Repubblica Italiana

FLÄCHE: 301 268 km²
EINWOHNER: 57,2 Mill.
HAUPTSTADT: Roma (Rom)
AMTSSPRACHEN: Italienisch; in Südtirol auch Deutsch, im Aostatal auch Französisch
RELIGIONEN: 90% Katholiken, 10% andere, darunter Juden und Muslime.
NATIONALFEIERTAG: Am ersten Sonntag im Juni wird an die Volksabstimmung vom 2. Juni 1946 über die Frage „Republik oder Monarchie" sowie an die gleichzeitig durchgeführten Wahlen zur verfassunggebenden Versammlung erinnert.
WÄHRUNG: 1 Italienische Lira = 100 Centesimi
LAGE: zwischen 47°05' und 35°47' n. Br. sowie 6°33' und 18°31' ö. L.
ZEITZONE: Mitteleuropäische Zeit

GESCHICHTE

476: Die Einnahme Roms durch den germanischen Heerführer Odoaker führte zum Untergang des Weströmischen Reiches.

800: Karl der Große wurde in Rom zum römischen Kaiser gekrönt.

962: Mit der Kaiserkrönung Ottos I., des Großen, in Rom kam Italien unter kaiserliche Oberhoheit.

11. Jahrhundert: Zu Beginn des Jahrhunderts siedelten Normannen in Kampanien und Apulien. Sie dehnten ihr Gebiet auf Kosten der langobardischen Herzöge aus und verdrängten schließlich auch die Byzantiner und die Sarazenen.

1127: Unter Roger II. wurden die normannischen Eroberungen auf Sizilien und in Süditalien zu einem Königreich zusammengefasst.

1155: Kaiser Friedrich I. Barbarossa versuchte die kaiserliche Macht in Ober- und Mittelitalien neu zu legitimieren, musste sich aber der Übermacht Papst Alexanders III. und des Lombardenbundes geschlagen geben. Heinrich VI. ließ sich zum sizilianischen König krönen. Er versuchte dadurch, den Einfluss der Staufer in Süditalien zu sichern.

1196-1250: Der Staufer

Friedrich II. vereinigte unter seiner Herrschaft das Römische Reich und den süditalienischen Normannenstaat. Er versuchte, seine Herrschaft in Oberitalien auszubauen. Sein Tod und der seines Sohnes Konrad IV. bedeuteten das Ende der Kaiserherrschaft in Ober- und Mittelitalien. Auch in Unteritalien konnten sich die Staufer nicht mehr lange behaupten.

1265/66: Papst Klemens IV. belehnte Karl von Anjou mit dem Königreich Sizilien.

1268: Mit der öffentlichen Hinrichtung des letzten legitimen Staufers in Neapel setzte die Zersplitterung der politischen Machtverhältnisse in den Städten ein. Schon um 1240 war es in Florenz zu Auseinandersetzungen zwischen den päpstlich eingestellten Gegnern des Kaisertums (Guelfen) und den Reichsanhängern (Ghibellinen) gekommen. Nach dem Untergang der Staufer wurden die Begriffe auf andere Parteien übertragen (Guelfen: Volkspartei, Ghibellinen: Adel).

1282: Sizilien kam an das spanische Haus Aragon.

15. Jahrhundert: In der ersten Hälfte des 15. Jahrhunderts kristallisierten sich sechs Regionen zu den politisch stärksten Staatswesen heraus: Mailand, Venedig, Florenz, der Kirchenstaat, Neapel und Sizilien. Die Städte Venedig und Florenz wurden zu Ausgangspunkten und Hochburgen der europäischen Renaissance.

1494/95: Der Italienfeldzug des französischen Königs Karl VIII. hatte jahrelange Kriege zwischen Spanien, Frankreich und dem Deutschen Reich zur Folge. Schließlich erlangten die spanischen Habsburger die Vorherrschaft in Italien.

1701-1714: Im Verlauf des Spanischen Erbfolgekrieges fiel Oberitalien an die österreichischen Habsburger.

1792: Die Französische Republik annektierte Nizza und Savoyen.

1796: Napoleon I. Bonaparte eroberte die Lombardei. In den folgenden Jahren entstanden die Zisalpinische, die Ligurische, die Römische und die Parthenopäische Republik.

1804 ernannte sich Napoleon I. zum König des „Königreiches Italien". Im Lauf der nächsten Jahre annektierte er Piemont, Genua/Ligurien, Parma, die Toskana und Rom.

1814/15: Der Wiener Kongress stellte nach der Niederlage Napoleons I. den Kirchenstaat und die großen Monarchien wieder her. Sardinien erhielt Nizza zurück und wurde um Genua vergrößert. Die Lombardei wurde mit Venedig zum Lombardo-Venezianischen Königreich vereinigt, das zu Österreich gehörte. Auch Modena, Lucca und Parma-Piacenza wurden von den Habsburgern regiert.

1816: Ferdinand IV. vereinigte Neapel und Sizilien zum Königreich beider Sizilien.

1848: Das Königreich Sardinien-Piemont, die beiden Sizilien und die Toskana erhielten Verfassungen nach französischem Vorbild. Papst Pius IX. wurde Ende des Jahres aus dem Kirchenstaat vertrieben, in Rom wurde die Republik ausgerufen, die bis 1849 bestand.

1849: König Karl Albert von Sardinien dankte zugunsten seines Sohnes Viktor Emanuel II. ab.

1859/60: Französische Truppen unter Napoleon III. und Sardinien besiegten die Österreicher. Im Vorfrieden von Villafranca kam die Lombardei an Sardinien-Piemont, Venetien blieb bei Österreich.

Nizza und Savoyen kamen an Frankreich. Der „Zug der Tausend", Freiwillige unter Giuseppe Garibaldi, eroberte Sizilien und Neapel.

1861: Proklamation des Königreiches Italien. Die sardinische Verfassung und eine Verwaltungsordnung nach dem Vorbild Frankreichs wurden allmählich auf ganz Italien übertragen.

1865: Florenz wurde Hauptstadt.

1866: Venetien wurde ein Teil des italienischen Königreiches.

1870/71: Nach Ausbruch des Deutsch-Französischen Krieges zogen die französischen Truppen aus Rom ab, der Restkirchenstaat wurde annektiert und Rom zur neuen Hauptstadt erklärt.

1870-1914: Liberaler Einheitsstaat. Wirtschaftliche Stagnation und die damit einher gehende Verschlechterung der Lebenssituation führte im Süden Italiens zur Massenflucht der Landlosen. Die wirtschaftlichen Gegensätze zwischen dem industrialisierten Norden und dem landwirtschaftlich geprägten Süden vergrößerten sich.

1911/12: Italienisch-Türkischer Krieg. Cyrenaika, Tripolis und die Dodekanes kamen an Italien.

1914-1918: Während des 1. Weltkrieges blieb Italien zunächst neutral. 1915 trat es gegen Österreich-Ungarn in den Krieg ein. 1916 folgte unter dem Druck der Alliierten die Kriegserklärung an das Deutsche Reich.

1919/20: Teilnahme an den Pariser Friedenskonferenzen. Trient, Südtirol, Görz, Triest, Istrien und Zara (Zadar) kamen an Italien. Die Ansprüche auf Dalmatien und Fiume gingen verloren. Der Friedensvertrag von Sèvres sicherte Italien vorerst die griechische Inselgruppe der Dodekanes zu.
Wachsende soziale Unruhen begünstigten die Faschismus-Bewegung des ehemaligen Sozialisten Benito Mussolini.

1921: Gründung des PNF (Partito Nazionale Fascista).

1922: Viktor Emanuel III. ernannte Benito Mussolini zum Ministerpräsidenten Italiens. In den nächsten Jahren weitete dieser seine Macht allmählich bis zur Einparteiendiktatur aus.

1924 schlossen sich alle Oppositionsparteien gegen Mussolini zusammen (Antifaschismus). Es gelang ihnen aber nicht, Mussolini zu stürzen.

1927: Mussolini gründete die Geheimpolizei OVRA („Organizzazione di Vigilanza e Repressione dell' Antifascismo" oder „Opera Volontaria di Repressione Antifascista").

1929: Vatikanstadt wurde zu einem selbständigen Staat unter der Souveränität des Papstes erklärt.

1936: Deutschland und Italien begründeten die „Achse Berlin-Rom" und schlossen den Antikominternpakt.

1939-1945: Obwohl Deutschland und Italien 1939 ein Militärbündnis (Stahlpakt) eingingen, in dem Hitler die Brennergrenze anerkannte, blieb Italien zunächst neutral. 1940 trat Italien an der Seite Deutschlands gegen Frankreich in den 2. Weltkrieg ein. Im September 1940 schlossen Italien, Deutschland und Japan den Dreimächtepakt. 1943 landeten alliierte Truppen in Sizilien. Im Juli desselben Jahres wurde Mussolini verhaftet und Marschall Pietro Badoglio neuer Ministerpräsident. Im

September wurde ein Waffenstillstand mit den Alliierten geschlossen, und italienische Truppen beteiligten sich am Krieg gegen Deutschland. Am 28. April 1945 wurde Mussolini ermordet.

1946: In einem Referendum beschlossen die italienischen Bürger, die Monarchie abzuschaffen. Italien wurde Republik.

1947: Im Friedensvertrag von Paris verlor Italien die Dodekanes an Griechenland und Istrien an Jugoslawien. Triest wurde zum Freistaat erklärt, die Kolonien in Afrika wurden in die Unabhängigkeit entlassen.

1948: Am 1. Januar trat die parlamentarisch-demokratische Verfassung in Kraft. Staatspräsident wurde Luigi Einaudi.

Die italienische Politik ist seit der Nachkriegszeit vom Vielparteiensystem, von häufigen Korruptionsaffären und Regierungswechseln geprägt.

1969: Die Regierungen von Österreich und Italien einigten sich über die Südtirolfrage.

1994: Im März wurde der Großunternehmer Silvio Berlusconi zum Ministerpräsidenten gewählt. Nach nur siebenmonatiger Amtszeit zerbrach seine Rechtskoalition. Lamberto Dini bildete die 54. Nachkriegsregierung.

1996: Bei den Parlamentswahlen im April errang die Mitte-Links-Allianz unter dem parteilosen Romano Prodi vom Bündnis „Ölbaum" einen entscheidenden Sieg.

Politik

Italien ist eine demokratische Republik. Staatsoberhaupt ist der Staatspräsident. Er wird von einer Körperschaft gewählt, die aus den beiden Kammern des Parlaments und den Vertretern der Regionen besteht. Er ernennt den Ministerpräsidenten und auf dessen Vorschlag die Minister. Außerdem hat der Staatspräsident das Recht der Parlamentsauflösung.

Die Legislative, das Parlament, besteht aus 2 Kammern: dem Abgeordnetenhaus und dem Senat.

In Italien existiert ein Vielparteiensystem mit hohem Beteiligungsgrad. Bestimmende Partei des Landes war von 1945 bis zum Umbruch der alten Parteienlandschaft 1993 die Democrazia Cristiana (DC). Aus der DC gingen der Partito Popolare Italiano (PPI) sowie das Centro Cristiano Democratico (CCD) hervor. Der Partito Democratico della Sinistra (PDS), die ehemalige Kommunistische Partei (PCI), ist die führende politische Kraft des linken Spektrums. Vom PDS spaltete sich die orthodox-kommunistische

Rifondazione Comunista (RC) ab. Parteien der rechten Mitte sind die föderalistische Lega Nord (LN) sowie die von S. Berlusconi gegründete Bewegung Forza Italia (FI). Die Alleanza Nazionale (AN), der frühere Movimento Sociale Italiano-Destra Nazionale (MSI-DN), steht auf der äußersten Rechten. Die Südtiroler Volkspartei (SVP) vertritt die deutschsprachige Bevölkerung in Südtirol.

Kulinarisches

Hand aufs Herz: Kennst du jemanden, der keine *spaghetti* oder keine *pizza* mag? Diese beiden Spezialitäten von unseren Freunden im Süden Europas haben ihre Anhänger auf der ganzen Welt.
Da schon die Römer in der Antike Wert auf gute Speisen legten, sind nicht nur von Geschichtsschreibern, sondern auch von Kochbuchschreibern interessante Aufzeichnungen erhalten. Die Geschmäcker haben sich zwar gewandelt, aber interessant ist's schon, wie sie vor 2.000 Jahren kochten ... Wichtige Einflüsse erlebte die Küche in Italien aus dem Orient:

Sklaven aus den besetzten Gebieten brachten die Rezepte, Gewürze und Zutaten für ihre Spezialitäten mit nach Rom. Diese Sklaven waren oft teuer gehandelte Köche - auf dem Sklavenmarkt!

Im Laufe des Mittelalters wurde durch Marco Polo und andere tüchtige Händler das Angebot an Gewürzen und Verarbeitungsmethoden stark erweitert. Bis heute wird unter Fachleuten gestritten, ob die Nudeln aus China nach Italien kamen.
Die Entdeckung der Neuen Welt - also Amerikas - am Beginn der Neuzeit gab auch der europäischen Küche neue Impulse: Die ersten Paradeiser, die nach Europa kamen, waren so groß wie Kirschen und goldgelb: *pomo d'oro* heißt so viel wie goldener Apfel. Ohne die *pomodori*, die Tomaten oder Paradeiser, kämen Köche und

Köchinnen heute in Italien kaum zurecht.

Eine original italienische Pizza schmeckt in Italien oder in der Pizzeria ums Eck - egal wo du wohnst - bestimmt am besten.

Doch versuche dich einmal selbst als Pizzabäcker bzw. Pizzabäckerin:

Pizza „Wie es euch gefällt"
Dafür braucht man:
30 g Hefe, eine Prise Zucker, 1 1/4 Tassen lauwarmes Wasser, 3 1/2 Tassen Weizenmehl, 1 Teelöffel Salz, 1/2 Tasse Olivenöl.
Als Belag: auf jeden Fall geschälte Tomaten (ev. auch Püree) und Käse (gerieben oder in dünnen Scheibchen). Außerdem: Wurstscheiben, Schinkenstreifen, Oliven, Artischockenböden oder anderes Gemüse, Eier, Sardellen, Champignons,

Faschiertes/Hackfleisch ... nach Lust und Laune.

So wird's gemacht:
Schütte das Mehl in eine Rührschüssel. Forme eine Grube und lass darin die in wenig Zuckerwasser aufgelöste Hefe gehen. Sobald die Oberfläche der Hefeflüssigkeit sich wölbt, gib die übrigen Zutaten in die Rührschüssel – nur 2 Esslöffel Öl behalte zurück. Mit dem Kochlöffel zuerst alles mischen, dann den Teig etwa 20 Minuten schlagen (ein Handmixer ist dabei sehr nützlich) – er löst sich dann vom Rand der Schüssel.
Aus dem Teig eine Kugel formen und diese zugedeckt an einem warmen (nicht heißen!) Ort so lange gehen lassen, bis daraus etwa die doppelte Masse Teig geworden ist. Nun drücke den Teig mit bemehlten Händen auf ein bemehltes Backblech – in Italien sind Familienpizzas sehr beliebt. Darauf verteile zuerst die Tomaten, belege die Pizza jetzt „wie es dir gefällt". Als Abschluss kommen Käse und 2 Esslöffel Olivenöl drauf. Die Pizza wird im Backofen auf der untersten Schiene 15 bis 20 Minuten gebacken.

SPAGHETTI

Zu bissfest (*al dente*) gekochten Spaghetti (Teigwaren heißen in Italien *pasta*) lässt sich rasch ein *sugo* (Sauce) komponieren:

... mit Knoblauch
In einem kleinen Pfännchen erwärme Olivenöl, würze mit Salz und Pfeffer, rühre gehackten Knoblauch dazu. Nicht bräunen! Kurz vor dem Servieren zupfe Petersilgrün dazu.
Geriebener Parmesan steht sowieso bereit!

... mit Tomaten
In einem kleinen Pfännchen wird Tomatenpüree (mit Wasser verdünnt) erhitzt, würze mit Salz und Pfeffer, ribble Oregano hinein und gib ein Lorbeerblatt dazu. Leicht köcheln lassen. Vor dem Servieren entferne das Lorbeerblatt.

... mit Tomaten und Fleisch
Hacke eine Zwiebel klein und lass sie in heißem Öl gelb werden. Dann gibt Fleisch dazu (Hack, Speckstückchen, Wurstwürfelchen oder sonst kleinwürfelig geschnittenes Fleisch) – auch das leicht anrösten lassen. Nun kommt Tomatensugo dazu – so wie oben angegeben.

MARIAS MUT UND DIE KINDER

Maria ist zwanzig und zu früh dran. Heute ist ihr erster Vorlesungstag am Anatomischen Institut. Sie ist ziemlich aufgeregt. Als sie den Vorlesungssaal betreten will, bittet sie einer der Aufseher in einen anderen Raum. „Das ist nichts für Sie, Signorina", meint er. „Da drinnen wären Sie ganz allein unter lauter jungen Herren. Kommen Sie hier herein. Ich rufe Sie, wenn die Vorlesung beginnt."
Nun steht sie allein und verloren in einem langen Saal mit sechs großen Fenstern, die aber so hoch liegen, dass nur wenig Licht einfällt. Eines der Fenster ist geöffnet. Trotzdem riecht es hier merkwürdig, dumpf, muffig und modrig. Maria sieht sich im Halbdunkel um, ihr Blick fällt auf ein menschliches Skelett, das im Raum steht. Noch nie hat sie so etwas gesehen. Nun sieht sie sich genauer um. An den Wänden stehen große Schränke, darin sind Gläser aufbewahrt. Sie tritt näher. In jedem Glas befindet sich ein menschliches Organ, in Spiritus eingelegt: Leber, Herz, Milz, Nieren. Marias Magen krampft sich zusammen. Ihr Blick fällt wieder auf das Skelett – hat es sich nicht eben bewegt? Zögernd geht sie zum nächsten Schrank. Eine Reihe menschlicher Schädel sind dort zu sehen, ebenfalls in Gläsern konserviert. Da wird die Türe geöffnet. „Signorina, bitte kommen Sie. Die Vorlesung beginnt."

Im Herbst 1892 beginnt Maria Montessori ihr Medizinstudium an der Universität von Rom. Seit zwei Jahren hat sie versucht, zum Studium zugelassen zu werden, nun ist sie die erste Frau in ganz Italien, die Medizin studieren darf. Sie hat die nötigen Vorprüfungen mit sehr gutem Erfolg bestanden, trotzdem wurde sie abgelehnt. Selbst ein Vorstellungsgespräch bei Dr. Baccelli, dem Professor für Klinische Medizin, hatte sie nicht weiter gebracht. „Eine Frau kann nicht Medizin studieren, es tut mir Leid", hatte der Professor gesagt. Aber Maria hat das Gespräch so beendet: „Ich weiß, dass ich Ärztin werde". Niemand weiß, wie sie sich dann trotzdem durchgesetzt hat. Auf jeden Fall ist die erste Studentin an der medizinischen Fakultät Tagesgespräch in ganz Rom. Eine Zeitung munkelt man sogar, Papst Leo XIII. hätte sich persönlich für Marias Zulassung zum Medizinstudium ausgesprochen. Unglaublich ist das nicht. Denn die Familie Montessori ist als streng katholisch bekannt. Maria wird auch zeit ihres Lebens eine überzeugte und fromme Katholikin bleiben.
Dem Vater ist der Wirbel unangenehm. Er ist gegen dieses Studium. Die Mutter unterstützt Maria, obwohl auch sie weiß, dass sich die Tochter auf einen schweren Weg begibt.

Aber Maria war schon immer anders. Als eines von wenigen Mädchen hat sie die naturwissenschaftliche Schule besucht. Ihr Lieblingsfach war Mathematik. Lange Zeit wollte Maria Ingenieurin werden, selbstverständlich war der Vater auch dagegen. Signor Montessori ist ein gebildeter, angesehener Beamter. Er will nicht, dass seine Tochter einen „unweiblichen" Beruf ergreift. Sie könnte dann mit den Emanzen, den Blaustrümpfen, diesen politisch engagierten Frauen, die sich für die Gleichberechtigung einsetzen und jetzt mehr und mehr von sich reden machen, in Verbindung gebracht werden. Sein Verhältnis zur Tochter ist durch das Medizinstudium gestört. Er ist ihr böse. Und wird es fast vier Jahre lang bleiben.

Das Studium ist nicht einfach. Nicht wegen des Lehrstoffs, der bereitet der jungen Frau die geringsten Probleme. Aber Maria fühlt sich wie ein weißer Elefant; wo immer sie hingeht, fällt sie auf. Jeder Professor prüft sie besonders hart, alle Kollegen beobachten sie voller Misstrauen, Neugierde oder Schadenfreude. Zu den männlichen Kollegen muss sie auf Distanz gehen, sie kann nicht einmal lose Freundschaften knüpfen, das verbieten die gesellschaftlichen Normen dieser Zeit. Es wäre auch undenkbar, dass eine Frau gemeinsam mit Männern sezieren darf. Dabei werden die nackten Körper toter Menschen untersucht, und so etwas dürfen sich damals Männer und Frauen nicht gemeinsam ansehen - selbst wenn sie angehende Ärzte sind. Und so steht Maria Montessori abends allein im Seziersaal und arbeitet. Der Geruch der Flüssigkeit, in der die Leichen konserviert werden, verursacht ihr Ekel. Schließlich bezahlt sie einen Mann dafür, dass er neben ihr im Seziersaal steht und raucht. Ihre Studienerfolge aber sind glänzend. 1894 gewinnt sie einen Preis, ein Jahr darauf einen Wettbewerb, der ihr eine Assistentenstelle an der Universitätsklinik sichert. Gegen Ende des Studiums muss jeder Student einen Vortrag halten. Als Maria an der Reihe ist, ist der Saal zum Bersten voll. Nicht, weil alle auf das medizinische Wissen der jungen, gut aussehenden, aber doch etwas zurückhaltenden Frau neugierig sind. Sondern darauf, ob sie, eine Frau, es schafft, dass ihr die Kollegen ruhig zuhören. „Ich bin mir wie eine Löwenbändigerin vorgekommen", erzählt Maria später. Aber sie hat die Feuerprobe bestanden. Sogar ihr Vater sitzt in der Vorlesung. Danach ist auch er stolz auf seine Tochter.

Am 10. Juli 1896 erhält sie als erste Frau Italiens ihr Doktordiplom. Ganz Rom nimmt Anteil, die Presse berichtet ausführlich über die erste „dottoressa". Maria schreibt an eine Freundin: „Meine Berühmtheit kommt so zustande: Ich wirke zart und ziemlich schüchtern, und man weiß, dass ich Leichen ansehe und berühre, dass ich ihren Geruch gleichgültig ertrage, dass ich nackte Körper ansehe (ich - ein Mädchen, allein unter so vielen Männern!), ohne ohnmächtig zu werden; dass mich nichts erschüttert."
Maria ist also nicht wegen ihrer außergewöhnlichen Klugheit berühmt geworden, sondern weil sie Mut hat und sich von einem Weg, den sie einschlagen will, nicht abbringen lässt. „Es ist etwas, was man immer erreichen kann, wenn man will, aber es kostet schreckliche Anstrengung", erklärt sie ihrer Freundin Clara.
Als erste Ärztin Italiens wird Maria Montessori von den neu gegründeten Frauenorganisationen eingeladen, um Vorträge zu halten. Sie spricht auch am großen internationalen Frauenkongress im Herbst 1896 in Berlin. Zur gleichen Zeit tritt Maria ihren Posten als Assistenzärztin im römischen Krankenhaus San Giovanni an. Sie arbeitet in der Chirurgie, später an der Frauen- und an der Psychia-

trischen Klinik. Gleichzeitig wird sie zu einer Expertin für Kinderkrankheiten.

Vor allem die behinderten Kinder erwecken ihre Aufmerksamkeit, sie leben in den öffentlichen Anstalten unter schrecklichen Bedingungen. In großen Gruppen werden sie in zu engen Räumen zusammengepfercht, sie werden nur aufbewahrt und beaufsichtigt. Nicht das einfachste Spielzeug gibt es für sie. Der Aufseherin sieht man an, dass ihr die Kinder lästig sind. Die Kinder sind teilnahmslos oder aggressiv geworden. Maria ist entsetzt. Diese Eindrücke von der Kinderpsychiatrie verändern ihr Leben. Sie erfindet für diese Kinder speziell geeignetes Spielzeug, sie arbeitet zwei Jahre lang mit ihnen. Die Kinder machen unglaubliche Fortschritte. Am Ende dieser Zeit haben einige von ihnen Lesen und Schreiben gelernt und können eine öffentliche Schule besuchen. Maria Montessori beginnt zu überlegen. Wenn behinderte Kinder durch Förderung solche Fortschritte machen, muss die Methode doch auch gesunden Kindern weiterhelfen? Noch einmal fängt sie zu studieren an - Pädagogik, Psychologie, Anthropologie. Sie will umfassendes Wissen erlangen und entwickelt einen konkreten Plan. „La casa dei bambini", ein Haus für Kinder, soll entstehen. Schon durch seine Einrichtung soll es sich von den üblichen Kinderbewahranstalten unterscheiden. Es soll kleine Tische und kleine Stühle haben, alles soll der Größe der Kinder angemessen sein, dazu pflegeleicht und einfach zu säubern, damit die Kinder ausgiebig spielen können.

Im Jahr 1907 wird die erste Casa dei bambini in Rom eröffnet. Es sind gesunde, aber ziem-

lich verwahrloste Zwei- bis Sechsjährige, die tagsüber hierher kommen. Sie sind verschüchtert, aber auch wild, und alle weinen am ersten Tag.
Nach kurzer Zeit schon beginnen sich die Kinder zu verändern, werden gesellig, aufgeweckt, fröhlich und lernen sich auszudrücken. Viele lernen bereits mit vier Jahren Lesen und Schreiben, ganz ohne Zwang, nur durch Lust und Spaß.
Maria Montessori schreibt darüber ein Buch, „Il metodo" erscheint im Jahr 1909. Es macht sie schlagartig berühmt. Zwei Jahre danach gibt sie ihre Arztpraxis auf und widmet sich ganz der Arbeit mit den Kindern. Und der Verbreitung ihrer Methode, der nach ihr benannten Montessori-Pädagogik. In vielen Ländern Europas werden Montessori-Zentren errichtet, an auserwählten Schulen von Neapel bis Liverpool, von Amsterdam bis Barcelona wird nach der Montessori-Pädagogik unterrichtet, auch in den USA, in Argentinien, Nepal und Indien.

Bis an ihr Lebensende wird Maria Montessori durch die Welt reisen, Vorträge halten, ErzieherInnen ausbilden und viele Bücher schreiben. Aus der Ärztin ist eine weltberühmte Frau geworden, die sich mit aller Kraft dafür einsetzt, dass Kinder respektiert und gefördert werden. Im Jahr 1951 ist sie bereits 81 Jahre alt. Trotzdem nimmt sie am Montessori-Kongress in London teil. Kurz darauf leitet sie einen Ausbildungskurs in Innsbruck. Es ist ihr letzter. Maria Montessori stirbt am 6. Mai 1952 in Nordwijk am Zee in Holland. Das Werk von Maria Montessori ist heute keineswegs vergessen. Im Gegenteil, es ist wichtiger denn je. Viele Lehrerinnen und Lehrer lassen sich besonders in unserer Zeit für diese Methode ausbilden, viele Schulen und Kindergärten rühmen sich dafür.

Bianca Pitzorno

Die unglaubliche Geschichte von Lavinia

Während Lavinia schlief, war es in allen Häusern der Stadt so weit, dass die Väter den Panettone, den Weihnachtskuchen, anschnitten und die Kinder aufstöhnten: „Nein, ich will nicht! Ich kann nicht mehr, ich bin pumpelsatt! Wenn ich auch nur noch ein winziges Stück davon esse, muss ich kotzen!"
Darüber regten sich die Väter auf: „Das ist doch unerhört! Ihr beleidigt die armen Leute! Und das an Heiligabend! Denkt nur an die hungrigen Kinder in Afrika, die wer weiß was für ein Stück Weihnachtskuchen geben würden ..."
Lavinia war kein Kind aus Afrika, im Schlaf aber jammerte sie vor Hunger, und sie hätte wer weiß was für ein Stück Panettone gegeben. Hätten diese Väter, statt solche Reden zu schwinge, ihr doch wenigstens eine Schachtel Streichhölzer abgekauft, bevor sie nach Hause gingen und sich an den gedeckten Tisch setzten!
Lavinia träumte von gebratenem Truthahn und mächtigen Torten, Bergen von Pommes frites, Spaghetti, Klößen, Wurst und Sahnepudding. Sie träumte von Mayonnaisesalaten und Hamburgern mit Tomate, wie sie sie an den Imbissbuden sah und die zu essen sie sich nie und nimmer leisten konnte.
Gegen Mitternacht wurden Lavinias Träume von den quietschenden Bremsen eines Taxis unterbrochen. Sie blickte auf und sah eine schöne Dame aus dem Taxi steigen und direkt vor ihr den Bürgersteig betreten. Die Dame war für diese kalte Nacht sehr unpassend gekleidet. Sie trug ein weit ausgeschnittenes Kleid aus himmelblauer durchsichtiger Seide. Lavinia konnte die Unterwäsche durchschimmern sehen, die auch himmelblau war. Die nackten Knöchel und Füße der Dame steckten in zwei Samtpantöffelchen und auf dem Kopf ... Lavinia musste sich mit der Hand den Mund zuhalten um nicht laut loszuprusten .. auf dem Kopf trug die Frau den komischsten Hut, den man sich vorstellen kann. Er sah aus wie eine hohe, umgestülpte Tüte und war geschmückt wie ein Weihnachtsbaum.
„Es gibt ganz schön verrückte Leute!", dachte Lavinia. Sie war mittlerweile hellwach und beobachtete belustigt die Szene.
Die Dame bezahlte den Taxifahrer, der nacheinander fünf sehr tiefe Verbeugungen machte - offenbar hatte er ein üppiges Trinkgeld bekommen. Dann wandte sie sich Lavinia zu.
„Sieh mal einer an!", dachte Lavinia. „Wetten, dass sie mir jetzt alle meine Streichholzschachteln abkauft!?"
Die Dame beugte sich zu Lavinia hinunter, in der Hand eine Zigarette, und fragte:

„Entschuldige bitte, hast du Feuer?"
„Was mach ich jetzt bloß?", überlegte Lavinia verzweifelt. „Sicher, ich hab jede Menge Streichhölzer, aber soll ich sie dafür bezahlen lassen? Das wäre nicht sehr nett. Sie braucht schließlich nur eines, keine ganze Schachtel ..."
Und so öffnete sie galant eine neue Streichholzschachtel, zündete ein Streichholz an und hielt es der Dame hin. Diese steckte sich die Zigarette an, ohne sie an den Mund zu führen und daran zu ziehen, so als handelte es sich um eine Kerze. Dann ließ sie ihren Arm in die Höhe schnellen, und aus der Zigarette stoben glitzernde, strahlende Funken, wie bei einem Feuerwerk.
„Die ist ja wirklich total verrückt", dachte Lavinia. „Hat sie denn mitten in der Nacht nichts Besseres zu tun? Hat sie etwa keine Wohnung, wo sie im Warmen schlafen kann? Die holt sich doch sonst was in diesem dünnen Kleid!"
Dann gab sie sich einen Ruck und fragte die Dame: „Entschuldigen Sie bitte, sind Sie unterwegs zu einem Maskenball?"
„Nein, wieso?", sagte die Unbekannte.
„Warum sind Sie denn dann so angezogen?", fragte Lavinia.
„Weil ich eine Fee bin", antwortete die Frau, als sei das die natürlichste Sache der Welt.
Lavinia dachte: „Die spinnt. Feen gibt es nur in Büchern."
Und als hätte die Frau ihre Gedanken gelesen, musterte sie das Kind nachdenklich und sagte dann: „Eigenartig. Normalerweise gibt es kleine Streichholzverkäuferinnen nur in Märchen ..."
Misstrauisch beäugten sie sich gegenseitig. Keine der beiden wollte sich auf den Arm nehmen lassen.
Dann sage die Frau zu Lavinia: „Ich bin echt. Versuch mal mich zu kneifen!" Ohne abzuwarten griff sie nach Lavinias Arm und zwickte hinein.
„Au!", schrie Lavinia. „Ich sollte doch dich kneifen!" Und sie gab der Fee einen Tritt, der aber nicht sehr wehtat, denn Lavinia hatte ja nackte Füße.
„Damit sind wir quitt", sagte die Fee gelassen. „Jetzt können wir beide sicher sein, dass es die andere wirklich gibt. Lavinia, du bist sehr freundlich und großzügig gewesen. Ich möchte dich dafür belohnen, dass du mir umsonst ein Streichholz angeboten hast."
„Jetzt schenkt sie mir sicher eine Sack voll Geld!", dachte Lavinia aufgeregt. „Bestimmt wird sie mich zum Königsschloss führen, wo ein Prinz auf mich wartet um mich zu heiraten ... Oder sie wird mich verzaubern, dass ich wunderschön werde ... Aber was fange ich dann mit meiner Schönheit an? Vielleicht werden die Leute dafür bezahlen mich zu sehen, und mit dem Geld kann ich mir dann jede Menge zu essen kaufen!"

„Ich will dir etwas ganz Besonderes schenken", fuhr die Fee fort. „Einen Zauberring. Hier!"
Sie zog ihn aus einer Tasche des durchsichtigen Kleides und steckte ihn Lavinia an den Finger. Es war ein kleiner Ring, nicht einmal aus Gold, glatt, ohne jeden kostbaren Stein.
„Wozu soll der gut sein?", fragte Lavinia, voller Hoffnung, dem bescheidenen Ring möge eine außergewöhnliche Zauberkraft innewohnen.
Die Fee fing an zu lachen, einfach so, verrückt, wie sie nun einmal war.
„Wozu soll der gut sein?", wiederholte Lavinia beharrlich.
„Er verwandelt alles in Kacke."
„Waaas?!"
„Er verwandelt alles in Kacke! Bist du plötzlich taub?", wiederholte die Frau mit einem engelhaften Lächeln.

Heiligabend in Mailand. Lavinia, die arme siebenjährige Streichholzverkäuferin, begegnet einer Fee, die ihr einen Ring schenkt, mit dem sie große Dinge vollbringen kann. Und Lavinia ist nicht auf den Kopf gefallen ...

LUXEMBURG

GROSSHERZOGTUM
LUXEMBURG
Grand-Duché de Luxembourg

Fläche: 2 586 km²
Einwohner: 407 000
Hauptstadt: Luxemburg (deutsch), Luxembourg (französisch), Lützelburg (luxemburgisch)
Amtssprachen: Die Nationalsprache, das Luxemburgische oder Lëtzebuergesch, ist ein moselfränkischer Dialekt des Deutschen. Die beiden anderen offiziellen Sprachen sind Französisch und Deutsch.
Religion: etwa 95% römisch-katholisch.
Nationalfeiertag: 23. Juni.
Währung: 1 Luxemburgischer Franc = 100 Centimes
Lage: zwischen 49°27' und 50°11' n. Br. sowie 5°44' und 6°32' ö. L.
Zeitzone: Mitteleuropäische Zeit

Geschichte

963: Nach der Burg Lucilinburhuc (Lützelburg) benannt, entstand im frühen Mittelalter die Grafschaft Luxemburg, die Graf Siegfried erwarb. Die ursprünglich deutsche Grafschaft wurde im 12. und 13. Jahrhundert durch umfangreiche wallonische Gebiete erweitert.

14. - 19. Jahrhundert: Das Haus Luxemburg stellte mehrmals den deutschen König; durch Heirat kam Böhmen an die Luxemburger. Kaiser Karl IV. (aus dem Haus Luxemburg) erhob Luxemburg 1354 zum Herzogtum. Nachdem Wenzel 1386 Luxemburg an Burgund verpfändet hatte, nahm Philipp von Burgund 1443 das Land durch Kauf in Besitz. 1477 kam es an die Habsburger, bei der Teilung 1555 an deren spanische Linie, blieb aber Teil des Reichs. 1684 - 1697 unter französischer Herrschaft, dann wieder habsburgisch, 1794 - 1814 erneut Teil Frankreichs.

1815: Großherzogtum und in Personalunion mit den Niederlanden verbunden, aber Mitglied des Deutschen Bundes. 1839 wurde der wallonische Teil an Belgien abgetreten; 1842 - 1918 Anschluss an den deutschen Zollverein.

1866: Luxemburg wurde selbständig und nach dem Scheitern der französischen Annexionsversuche durch Napoleon III. 1867 neutral. Die Personalunion mit den Niederlanden wurde nach dem Tod Wilhelms III. gelöst.

1. Weltkrieg: Deutsche Truppen besetzten Luxemburg.

1920: Wirtschaftsunion mit Belgien.

1940: Deutsche Truppen besetzten erneut das Land. Die Bevölkerung litt schwer unter der nationalsozialistischen Unterdrückungspolitik.

1947: Abschluss der Benelux-Union

1949: Beitritt zur NATO

1957: Beitritt zur EWG.

1964: Seither ist Großherzog Jean Staatsoberhaupt.

POLITIK

Luxemburg ist eine konstitutionelle Erbmonarchie, die parlamentarisch regiert wird. Das Einkammerparlament (Deputiertenkammer) geht aus allgemeinen, gleichen, direkten und geheimen Wahlen hervor. Mehrparteiensystem: Christlich-Soziale Volkspartei (PCS), Luxemburger Sozialistische Arbeiterpartei (POSL) und Demokratische Partei (PD, frühere Liberale Partei) bestimmen das Parteiensystem. Ministerpräsident ist seit 1995 J. C. Juncker (Christlich-Soziale Volkspartei).

KULINARISCHES

Hallo Chantal!
Sie war die erste Luxemburgerin, die wir kennen lernten. Sie zeigte uns eine Nummer „ihrer" Jugendzeitschrift - Chantal ist Redakteurin einer Schülerzeitung. Diese Zeitung erscheint mit Beiträgen in deutscher, französischer, englischer und italienischer Sprache. „Das ist bei uns keine Besonderheit", klärte sie uns auf.
Als wir Chantal dann in ihrem Heimatort, in Bertrange, besuchten, waren wir wieder überrascht: Um einen Tisch herum im Buffet des Supermarktes traf sie sich mit Freunden, und sie diskutierten über das Fernsehprogramm für Jugendliche. Einer sagte etwas in Französisch, die Nächsten erhitzten sich in Luxemburgisch, Englisch oder Italienisch. Jeder sprach seine Sprache, verstand die andere. Und die Speisen waren so gut gekocht, dass sie in einem Superrestaurant hätten serviert werden können - auch das sei ganz normal, versicherte Chantal.
Ist Luxemburg ein sprachliches und kulinarisches Schlaraffenland?

Luxemburg

Wir probierten den

LUXEMBURGER HERINGSSALAT

Als Vorspeise für vier Esser brauchst du:
2 ganze Salzheringe (= 4 Filets) - möglichst Rogen,
1 Teelöffel Senf, 2 Esslöffel Olivenöl, 2 Esslöffel Essig,
1 Zwiebel, Schnittlauch, Petersilie,
Salz, Paprikapulver, 2 Äpfel und 3 Esslöffel Sauerrahm

So wird's gemacht:
Die Heringsfilets in Streifen schneiden. Den Rogen zerdrücken, mit Senf, Öl, Rahm und Essig verrühren. Dazu gibst du fein gehackte Zwiebeln, Schnittlauch und Petersilie und würzt mit Salz und Paprikapulver. Diese Kräutersauce gieße über die Heringsstreifen. Kurz vor dem Servieren mischt du dünne Apfelscheiben unter. Weißbrot schmeckt gut dazu.

Auch die

LIEWERKNUDDELCHEN

(Leberknödel) mit Sauerkraut und Kartoffeln schmeckten köstlich!

Du brauchst für vier hungrige Esser:
400 g faschierte Leber, 100 g klein geschnittenen Speck,
4 in Wasser eingeweichte und gut ausgedrückte Brötchen,
Thymian, Majoran, Petersilie nach Geschmack,
1 klein gehackte Zwiebel,
2 Eier, Salz und Pfeffer.

So wird's gemacht:
Aus allen Zutaten mit der Hand einen „Teig" kneten. Salzwasser in einem Topf zum Kochen bringen. Hol dir mit dem Löffel so viel von der Leberknödelmasse, dass der Löffel gefüllt ist. Den Löffel tauche mit der Masse ins leicht köchelnde Wasser - die Masse löst sich und wird gegart.
Dazu gibt es Sauerkraut (klein gehackte Zwiebel anrösten, darin Sauerkraut mit Speckwürfelchen erhitzen, abschmecken) und Kartoffelpüree (eventuell aus der Packung).

RADIO LUXEMBURG SCHAFFT „OPAS DAMPFRADIO" AB

„Meine Damen und Herren, liebe Zuhörer! Sie hören nun ein Versuchsprogramm von Radio Luxemburg in deutscher Sprache. Wir senden ab heute jeden Tag von 14 Uhr bis 16 Uhr ein leichtes Musikprogramm." Als der Luxemburger Radiomoderator Pierre Nilles am 15. Juli 1957 mit diesen Worten seine Zuhörer begrüßte, war er ganz schön aufgeregt. Die Sendung, die er in den folgenden zwei Stunden live moderieren sollte, würde etwas absolut Neues sein. Eine witzige, unterhaltsame, vorlaute Sendung, in der der Moderator einfach drauflos plauderte. In allen anderen Radiosendungen, die damals von den Radiostationen in den Nachbarländern Luxemburgs produziert wurden, gab es noch nichts Vergleichbares.

Wer in den fünfziger Jahren vor dem Radio saß, hörte ein Programm, das von streng disziplinierten Damen und Herren in perfekter Sprache angesagt wurde. Die Musik der Sender war zum Großteil klassisch, Musikstücke aus Oper und Operette, Marschmusik und uralte Filmschlager. Die Texte dazwischen wurden von den Sprecherinnen und Sprechern nicht frei gesprochen, sondern von einem Manuskript abgelesen. Das alles war zwar sprachlich einwandfrei, aber oft auch recht steif und manchmal ganz schön langweilig. Die Radiokultur dieser Zeit war in Deutschland und in Österreich noch immer von der vergangenen Kriegs- und Nachkriegszeit geprägt. So hatten - ungewollt - die Nachrichten und ihre Sprecher einen Stil, als würden Frontberichte verlesen. Die Programminhalte unterlagen einem strengen Informations- und Bildungsauftrag. Da wimmelte es von Sachsendungen, in denen irgendwelche Spezialisten scheinbar endlose Vorträge hielten. Außerdem herrschten über das Radio in den Wohnzimmern ausschließlich die Eltern, vor allem aber die Väter. Und so gab es neben ernsten Hörspielen, der Technischen Rundschau, der Sendung für die Briefmarkenfreunde, der Küchensendung für die Hausfrau und Bastelanleitungen für Haus und Heim so gut wie nichts, was einen jungen Menschen interessiert hätte. Vor allem nicht die flotte, neue Schlagermusik, Swing oder Jazz. Die meisten Eltern, die ja in der Nazi-Zeit erzogen worden waren, hielten das noch immer für „amerikanische Negermusik" oder sogar für „entartet". Kinder und Jugendliche durften das Radiogerät - ein großer Holzkasten mit stoffbespannter Frontseite, klobigen Regelknöpfen und dem glühenden „magischen Auge" in der Mitte - damals gar nicht anfassen.

Im Frühling 1957 war ein kleines Team von Radioleuten in der Villa Louvigny in Luxemburg beisammen gesessen. Die Villa ist eine schlossähnlicher Bau im Stadtpark der Stadt Luxemburg, dort hatte die Luxemburger Radiogesellschaft ihren Sitz. Die Radioredakteure kamen teils aus Luxemburg, teils aus Deutschland. Sie hatten den Kopf voller Ideen und tüftelten an einem neuen Radioprogramm. Es sollte sich von allem, was bisher da gewesen war, grundlegend unterscheiden. Am

Ende der wochenlangen Diskussionen und Planungen waren sie sich in den wichtigsten Punkten einig geworden: „Unsere Moderatoren sollen nicht streng und steif sprechen, als hielten sie einen Vortrag. Sie sollen reden, wie ihnen der Schnabel gewachsen ist. Und dann muss bei uns Musik gespielt werden, die auch junge Leute gerne hören, nämlich Schlagermusik. Deutschsprachige Hits, internationale Hits, alles, was jungen Leuten gefällt."

Als dann der große Tag der ersten Sendung kam, hatten sie alle ziemliches Lampenfieber. Sie waren zwar überzeugt, dass das Programm, das sie entwickelt hatten, gut sein würde. Aber sie hatten absolut keine Ahnung, wie die Zuhörer darauf reagieren würden. Was aber dann tatsächlich passierte, damit hatte keiner von ihnen gerechnet.
Das neue Programm von Radio Luxemburg wurde ein überwältigender Erfolg. Hörerinnen und Hörer aus Luxemburg, Österreich, Deutschland und Frankreich schrieben begeisterte Briefe. Und sie saßen Nachmittag für Nachmittag vor den Radioapparaten und hörten zu. Dabei war es damals noch gar nicht so leicht, den Sender gut zu empfangen, denn der erste Sender war leistungsmäßig noch sehr schwach. Da saßen nun daheim die Hörer und drehten an dem Sender-Such-Knopf, um die Mittelwelle 208 zwischen den anderen, stärkeren Sendern zu finden. Oft war es aber dann so, dass sie zwar den Sender hören konnten, aber keineswegs einwandfrei. Es krachte und quietschte und pfiff aus dem Lautsprecher. Aber selbst die schlechte Empfangsqualität konnte die Fans nicht abschrecken.

Radio Luxemburg war zum totalen Hit geworden. Punkt vierzehn Uhr schallte durch alle fortschrittlichen Haushalte, modernen Lokale, Friseurgeschäfte und Zahnarztwartezimmer der flotte Sound von Radio Luxemburg. Den Menschen gefielen die leichten Plauderansagen der Moderatoren. Und bald gab es noch etwas bisher Unvorstellbares: Hörer konnten anrufen und live, während der Sendung, mit den Moderatoren reden! „Das war auch für uns Moderatoren sehr lustig", erinnert sich Helga Guitton, eine der Sprecherinnen. „Wenn im Winter z.B. großes Glatteis war, dann erzählte ich, wie es mir bei der Fahrt zum Studio ergangen ist. Und dann kamen auch sofort Höreranrufe, und es wurde heftig geplaudert. Wir Moderatoren hatten stets das Gefühl, die Hörer leben richtig mit uns mit. Wir alle hatten einen lockeren Umgangston, und die Arbeit hat uns großen Spaß gemacht." Ein anderer Moderator, Jochen Pützenbacher, erinnert sich an Fanpost, die körbeweise in die Villa gebracht wurde. Vor allem, als Radio Luxemburg als erste Radiostation auf dem Kontinent eine Hitparade machte: „Da sollten die Hörer Postkarten an uns schicken, auf die sie den Namen ihres Lieblingsschlagers geschrieben hatten. Damals bekamen wir in einer Woche eine Million Zuschriften. Der Portier hat die Karten tatsächlich in Körben, Säcken und Scheibtruhen angeliefert."
Die „Hitparade" und „Die großen 8" waren die beliebtesten Sendungen von Radio Luxemburg.
Ein Pop-Star, der bei Radio Luxemburg in den Charts war, hatte den großen Durchbruch geschafft.

Die anderen Radiostationen blickten voll Neid auf den jungen Sender, der ihnen immer mehr Hörer wegnahm. „Omo-Sender" nannten sie Radio Luxemburg spöttisch, denn zwei Waschmittelfirmen waren die Hauptsponsoren, und daher gab es reichlich Werbung für Waschpulver und Seife. Aber bald mussten auch sie umdenken. Denn „Opas Dampfradio" war eindeutig am Ende. Rundfunkstationen aus allen Teilen Deutschlands versuchten, zumindest eines ihrer Programme zu modernisieren. Starmoderatoren wie der Luxemburger Camillo Felgen wurden genauestens beobachtet und nachgeahmt. Manche gingen sogar den direkten Weg: sie luden Moderatoren von Radio Luxemburg ein, die zukünftigen Sprecherinnen und Sprecher des neuen Programms auszubilden. So kam zum Beispiel der Radio Luxemburg-Moderator Frank Elstner nach Wien, um jungen Leuten wie André Heller, Rudi Klausnitzer, Brigitte Xander oder Dieter Dorner den „peppigen Moderationsstil" von Radio Luxemburg beizubringen. Zehn Jahre nach der Gründung von Radio Luxemburg hatte dann auch Österreich den ersten Sender, der für junge Leute interessant war - Ö3.

1957, in der Villa Louvigny, hatten die Gründer von Radio Luxemburg noch kaum eine Vorstellung davon, wie sie nicht nur die Radiokultur Europas, sondern in der weiteren Folge auch die Gesellschaftskultur vor allem für damals junge Menschen verändern sollten. Noch heute, wo das flotte Magazin-Radio mit der heißen Musik aus aller Welt ja etwas Selbstverständliches geworden ist, bekommen die „Senioren" glänzende Augen, wenn sie sich erinnern, wie sie damals als Jugendliche mit diesem legendären Radiosender eine neue Welt kennen gelernt haben.

Jhemp Hoscheit

Was willst du später werden?

„Was willst du später werden?", fragt mich mein Vater.
Als ob ich das wüsste ...
„Was soll bloß aus dir werden!", sagt meine Mutter.
Tja! Was denn eigentlich?
Wie soll ich das jetzt schon wissen!
Mein Opa meint, als er so alt war wie ich, da hätte er es schon gewusst.
Er wurde Zollbeamter.
Warum soll ich Zollbeamter werden wollen, wenn alle Grenzen abgeschafft werden?
Mein Onkel wurde Förster, und jetzt läuft er traurig in seinem sterbenden Wald umher.
Was soll ich später, als Förster ohne Bäume?
„Was wird bloß aus dir", meckert unsere Nachbarin.
Vielleicht werde ich Lehrer: Freche Kinder wie mich wird es immer geben!
Oder Anwalt! Mein Lehrer behauptet nämlich, ich würde wie ein Anwalt reden ...
Nein! Nicht Anwalt!
Der meiner Eltern redet so viel, dass er sie bis aufs Hemd auszieht, und er weiß noch nicht einmal, ob ich nach der Scheidung zu meiner Mutter oder meinem Vater komme.
Vielleicht mache ich eine Ausbildung als Architekt!
Dann baue ich Wohnungen, dass vier Menschen - Mutter, Vater, Junge, Mädchen - Katze, Meerschweinchen - genügend Platz haben, um sich aus dem Weg zu gehen, wenn sie sich mal in den Haaren liegen oder einander ans Leder wollen.
Ich werde Fußballspieler! Ja!
„Du und deine schmutzigen Kleider!", schimpft meine Mutter. „Du treibst mich noch auf die Palme!"
In dem Fall könnte ich ja zur Berufsfeuerwehr, ich würde dann meine Mutter mit einer hohen Leiter wieder herunterholen.
„Und was soll denn schon aus dir werden?", fragt mich meine Oma. „Bei dir ist doch Hopfen und Malz verloren!"
Und wenn ich ihr dann antworte: „Dann besorge ich mir eben Hopfen und Malz und werde Wirt!", dann schäumt sie vor Wut.
„Aus dir wird nie etwas Rechtes!", sagt meine Mutter. „Und wenn du so weitermachst, dann wirst du noch ein blaues Wunder erleben."

Nicht schlecht! Das wär doch was!
Ich werde Zauberer. Ich verwandle meine Eltern in Kinder, damit sie aufhören, solche dummen Fragen zu stellen, und ich, ich verwandle mich in einen Wissenschaftler von der Firma „Blauer Planet", die als erste das Ozonloch repariert.
„Im Leben muss man versuchen, die erste Geige zu spielen", sagt mein Vater.
Die erste Geige! Wie doof!
Ich möchte gerne die erste Sologitarre in einer Rockband spielen, aber wegen des Krachs sind meine Eltern dagegen.
Sie mögen nur ihren Krach. Ihre ewigen Streitereien muss ich jeden Tag über mich ergehen lassen.
„Falls du dich nicht besserst", sagt meine Schwester, „wird Kleinholz aus dir gemacht!"
Au fein! Warum nicht!
Dann kann ich ja Schreiner werden und tischlere mir ein eigenes Pult, einen eigenen Schrank und eigene Regale, dann brauche ich das nicht mehr alles mit meiner Schwester zu teilen.
„Du bekommst den ersten Preis als Faulpelz!", sagt mein Vater.
Den ersten Preis! ... Den ersten Preis! ...
Ich werde Filmschauspieler!
Und bringe den ersten Oskar nach Luxemburg als Man in Black. Oder in Red. Egal!
Vielleicht als neuer 007 ...: „My name is Bond. James Bond!"
Und dann kommen sie alle angelaufen:
die ganze Verwandtschaft,
die ganze Nachbarschaft,
und sagen, sie hätten immer schon gewusst, dass etwas Großes aus mir würde ...

NIEDERLANDE

KÖNIGREICH DER NIEDERLANDE
Koninkrijk der Nederlanden

Fläche: 40 844 km²
Einwohner: 15,4 Mill.
Hauptstadt: Amsterdam
Regierungssitz: Den Haag
Amtssprachen: Niederländisch, Friesisch.
Religionen: 36% Katholiken, 32% Konfessionslose, 30% Protestanten (19% Niederländische Reformierte Kirche), 2% andere.
Nationalfeiertag: der Geburtstag des jeweils regierenden Monarchen, gegenwärtig der 30. April (Geburtstag der 1980 zugunsten ihrer Tochter Beatrix abgedankten Königin Juliana).
Währung: 1 Holländischer Gulden = 100 Cent
Lage: zwischen 50°46′ und 53°32′ n. Br. sowie 3°23′ und 7°12′ ö. L.
Zeitzone: Mitteleuropäische Zeit

Geschichte

58 v. Chr.: Julius Caesar eroberte das Gebiet der heutigen Niederlande.

925: Die Niederlande wurden Teil des Heiligen Römischen Reiches.

um 1100: Die Niederlande entwickelten sich zum Handelszentrum Westeuropas.

1477: Die Niederlande kamen durch die Vermählung von Maria von Burgund mit Maximilian I. an das Haus Habsburg.

1555: König Philipp II. von Spanien erhielt die Herrschaft über die mittlerweile 17 Gebiete.

1567: Politischer, finanzieller und religiöser Druck führten zum Aufstand des Adels und der Städte gegen die spanische Herrschaft. 1567 sandte König Philipp II. von Spanien den Herzog Alba mit einem Heer in die Niederlande, um den Aufstand niederzuschlagen.

1568: Die Niederländer widersetzten sich der Willkür Herzog Albas, was zum Ausbruch des Achtzigjährigen Krieges führte.

1576: Alle niederländischen Territorien schlossen sich gegen Spanien zusammen, um den Krieg zu beenden.

1581: Die protestantischen Provinzen der Niederlande

erklärten ihre Unabhängigkeit und gründeten die Republik der Vereinigten Niederlande. Spanien und die Niederlande fochten jahrelange Kämpfe aus, bis Spanien 1648 die Unabhängigkeit der Republik anerkannte. Im Westfälischen Frieden von 1648 wurde ihre Souveränität international anerkannt.

um 1700: Die Niederlande wurden zu einer führenden Weltmacht. Amsterdam und Leiden entwickelten sich zu wichtigen europäischen Handels- und Kulturzentren.

1713: Die spanisch gebliebenen südlichen Niederlande fielen nach dem Spanischen Erbfolgekrieg an die Habsburger.

1795-1813: Während des Ersten Koalitionskrieges eroberte Frankreich die Niederlande. Sie wurden zunächst zur Batavischen Republik erklärt, unter dem Bruder Napoleons I., Louis Bonaparte, 1806 in ein Königreich umgewandelt und 1810 an Frankreich angeschlossen.

1815: Nach dem Sturz Napoleons I. wurden die Republik der Vereinigten Niederlande und die südlichen Niederlande auf Beschluss des Wiener Kongresses zum Königreich der Vereinigten Niederlande zusammengeschlossen.

1830: Die Septemberrevolution von 1830 in den südlichen Niederlanden führte 1831 zur Abtrennung Belgiens, womit das Königreich der Niederlande entstand.

1914-1918: Im 1. Weltkrieg blieben die Niederlande neutral.

1940: Deutsche Truppen marschierten am 10. Mai ohne Kriegserklärung in die Niederlande ein. Die Regierung floh nach London. Am 14. Mai kapitulierten die Niederlande.

1941: Die niederländische Regierung in London erklärte am 8. Dezember 1941 Japan den Krieg.

1949: Die Niederlande erkannten die Unabhängigkeit ihrer ehemaligen Kolonie Indonesien an.

1952: Beitritt der Niederlande zur Montanunion.

1957: Die Niederlande wurden Mitglied der Europäischen Wirtschaftsgemeinschaft und der Europäischen Atomgemeinschaft.

1975: Die Niederlande entließen Surinam als letzte ihrer Kolonien in die Unabhängigkeit.

1991: Der Vertrag von Maastricht wurde in der gleichnamigen Stadt unterzeichnet.

POLITIK

Die Niederlande sind eine konstitutionelle Monarchie, die parlamentarisch regiert wird.

Staatsoberhaupt ist die Königin (Thronfolge in männlicher und weiblicher Linie möglich). Sie ist Vorsitzende des Staatsrates. Dieses Verfassungsorgan hat nur beratende Funktionen.

Das Parlament, die „Generalstaaten", besteht aus zwei Kammern: „Eerste Kamer" (75 Mitglieder, Wahlperiode 4 Jahre, indirekt von den Provinzialstaaten gewählt) und „Tweede Kamer" (150 Mitglieder, Wahlperiode 4 Jahre).

Die wichtigsten politischen Parteien sind der Christlich Demokratische Appell (CDA), ein Zusammenschluss der 3 konfessionellen Parteien Anti-Revolutionäre Partei (ARP), Christlich-Historische Union (CHU) und Katholische Volkspartei (KVP), die Partei der Arbeit (PvdA), die sozialdemokratisch ausgerichtet ist, sowie die Volkspartei für Freiheit und Demokratie (VVD), eine rechtsliberale Gruppierung. Die 1966 gegründete Partei Demokraten '66 vertritt Positionen links von der Mitte und befürwortet eine Reform des parlamentarischen Systems. Das Bündnis Grünlinks ist ein Sammelbecken verschiedener Linksparteien.

Kulinarisches

Eine Reise durch die niederen Lande - manchmal sogar unter dem Meeresspiegel gelegen - ist landschaftlich sehr schön und abwechslungsreich: schwarzweiße Kühe schnabulieren auf den saftigen Weiden und schaukeln Möwen auf ihren Rücken - Windmühlenarme erwarten die frischen Winde vom Meer - lautlos gleiten Schiffe mit hohen Masten auf den Kanälen und überraschen dich an Stellen, wo du sie nie vermutet hättest - Blumen blühen auf Feldern, nicht nur Tulpen - blitzblanke Ortschaften mit sauber gedeckten Rieddächern - Radfahrer überall - und dann plötzlich pulsierende Häfen wie Rotterdam mit Frachtern und Düften aus aller Welt.
Nach Amsterdam wirst du wiederkehren wollen: wegen seiner lieblichen Giebelhäuser (mit Haken im Giebelspitz für Flaschenzüge, um Möbel durch die Fenster zu hieven, denn die Treppen sind zu schmal), seinen Grachten mit unzähligen Brücken darüber, seinen Flohmärkten, seinem Angebot auch an indonesischen Gaststätten (schließlich gab es einmal ein Reich, das hieß „Niederländisch Indien"), seinen Blumenständen an jedem Eck und wegen der freundlichen und hilfsbereiten Bewohner.

Eine *rijsttafel* wollen wir dir zum Nachkochen nicht zumuten. Die solltest du in einem original indonesischen Haus probieren. Zu viele Gewürze sind uns fremd und ungewohnt. Doch lass dir, wenn du Gelegenheit hast, eine Reistafel schmecken. Genieße, was Menschen auf der anderen Seite der Weltkugel sich an Köstlichkeiten ausgedacht haben!

Die Holländer frühstücken zweimal: morgens und mittags. Dazu wird reichlich leichter Kaffee oder Milch getrunken. Sie greifen nach Wurst und Käse oder auch nach Kuchen, Obst oder Marmeladebrot. Bevor sie zum warmen Nachtmahl nach Hause gehen, machen sie noch gerne einen Abstecher in einen *broodjeswinkel*, eine Brötchenstube. Auch eine *koffietafel* wird schon mal eingeschoben - und dabei kann es zum Kaffee allerhand Kleinigkeiten geben.
Ein echter Holländer kommt gut und gern auf sechs Mahlzeiten am Tag ...

Speckpfannkuchen
wird abends zu Hause oder auch bei einer *koffietafel* serviert.
Du brauchst für zwei Esser:
20 g Hefe,
1/2 Tasse warmes Wasser,
1 Esslöffel Zucker, 1 Prise Salz,
2 Eier, 1 1/2 Tassen Milch,
250 g Mehl und 100 g Schinkenspeck.

So wird's gemacht:
Löse die Hefe in einer Schüssel in 5 Esslöffel warmem Wasser auf. Dann kommen Zucker, Milch und verquirlte Eier dazu. Diese Mischung vermenge mit

Mehl und Salz, bevor du die Schüssel für etwa 20 Minuten an einem warmen (nicht heißen!) Ort, mit einem Tuch abgedeckt, abstellst. So lange braucht die Hefe, um sich zu entfalten.

In der Zwischenzeit schneide den Schinkenspeck in kleine Würfelchen und röste die Hälfte in einer Pfanne an. Darauf gieße die Hälfte vom Teig. Wenn der Speckpfannkuchen auf einer Seite gebräunt ist, wende ihn mit einem Heber - und decke die Pfanne mit dem Deckel zu. So geht der Teig schön auf. Dieses üppige Stück wird in die Hälfte oder in Viertel geteilt - je nachdem, wie groß der Hunger ist. Es sind ja noch Teig und Schinkenspeck für einen zweiten Durchgang da.

Kaaskoppen - was so viel wie „Käseköpfe" heißt - werden die Holländer manchmal von ihren Nachbarn genannt. Und der Käse ist wirklich ein Grundnahrungsmittel in den Niederlanden. Auf dem Land ist folgende Suppe sehr beliebt:

KÄSESUPPE

Für vier Personen brauchst du:
1 Esslöffel Butter, 150 g fein gehackte Zwiebel,
250 g geputzte und gewürfelte Karotten,
250 g geschälte und gewürfelte Kartoffeln,
250 g geputzten und zerteilten Karfiol/Blumenkohl,
150 g geschälte und gewürfelte Knollensellerie,
1 l fertige Suppe (ev. aus der Packung),
4 Scheiben Speck und
4 Scheiben Weißbrot und
150 g Holländischen Gouda in 3 mm dicke Scheiben geschnitten.

Butter in einem weiten Topf schmelzen, das Gemüse hineingeben und leicht anrösten.

Die Suppe darübergießen und etwa 25 - 30 Minuten köcheln lassen.
Den Speck in einer Bratpfanne anrösten, bis er knusprig ist. Mit einer Gabel herausheben und beiseite stellen. Die Brotscheiben in dem Fett des Speckes auf beiden Seiten braun braten und zum Speck legen.
Vor dem Servieren der Suppe lege vorsichtig die Speckscheiben obenauf, darauf das Brot und zuoberst die Käsescheiben. Den Topf schiebe noch etwa 3 Minuten unter den Grill des Backrohres, bis der Käse geschmolzen ist und einen appetitlichen Braunton bekommen hat.
Vorsicht: Bleib beim Griller stehen, das Bräunen geht oft sehr rasch!

HERMAN MACHT SANFT MUT

Das Theater ist zum Bersten voll. An die fünfzehnhundert Kinder füllen das Tivoli von Utrecht, um das Scapino-Ballet zu sehen. Das Saallicht ist schon gedämpft worden, die Vorstellung muss jeden Augenblick beginnen. Die Kinder kichern, winken ihren Klassenkameraden zu und wetzen auf den Stühlen. Plötzlich geht das Licht im Saal ganz aus. Ein heller runder Scheinwerferspot fällt auf den Vorhang, ein Mann tritt auf. Er trägt einen hautengen Anzug mit großen schwarzen Knöpfen. Sein Gesicht ist weiß geschminkt. Der Hut auf seinem Kopf ist schwarz und groß und sieht aus wie jener des Kaisers Napoleon. Die Kinder sind fast ganz ruhig geworden. Aber einer ist darunter, der sitzt wie vom Blitz getroffen. Ein dünner, blonder Junge schaut wie gebannt zum Schauspieler, zum Clown, zum Tänzer, zu diesem Mann auf der Bühne. Der macht einen Sprung und beginnt sich zu bewegen, als wäre er eine Marionette. Dann macht er den Mund auf: „Guten Tag, ihr Jungen und Mädchen, ich bin Scapino."
Das Publikum lacht. Der Blonde lacht nicht. Wie in Trance steht er auf. Da fasst ihn eine Hand und zerrt ihn energisch auf den Sitz zurück: „Setz dich gefälligst hin, Herman. Und mach den Mund zu. Es zieht!", sagt sein Nachbar. Herman lässt sich auf den Sitz hinunterziehen. Jetzt öffnet sich der Vorhang, die eigentliche Vorstellung beginnt. Die Kinder unterhalten sich prächtig. Nur Herman ist völlig in sich gekehrt. Er denkt: „Es muss schön sein, so etwas zu können."
Herman erzählt Jahre später Folgendes über dieses Erlebnis: „Später vergisst man das wieder, denn dann ist man mit Erdkunde oder Zeichnen oder Briefmarkensammeln beschäftigt. Dasselbe Gefühl hatte ich auch, als ich Edith Piaf, die große französische Sängerin, hörte und, viel später, den belgischen Liedermacher Jaques Brel. Bei Menschen also, die meine Phantasie unheimlich anregten, in denen ich etwas von meinem Wesen zu erkennen glaubte."

Im Jahr 1967, ungefähr zehn Jahre nach diesem Theater-Erlebnis, stand Herman van Veen zum ersten Mal selbst auf der Bühne des Tivoli-Theaters. Als Musiker, Sänger, Schauspieler, Tänzer und Erzähler in einer Person präsentierte er sein Soloprogramm „Harlekijn". Es wurde ein Riesenerfolg. Und bis heute wird er gerne so bezeichnet: ein Harlekin, ein Clown, ein Narr, ein Till Eulenspiegel unserer Zeit. Seine Lieder sind selten im Radio zu hören. Trotzdem sind seine Soloabende immer restlos ausverkauft. „Herman macht süchtig nach mehr ...", schrieb einmal ein Kritiker.

Herman van Veen wurde am 14. März 1945 in Utrecht in den Niederlanden geboren. Damals war noch Krieg, und das Essen war knapp. Kurz nach seiner Geburt warfen kanadische Flugzeuge Konservenbüchsen ab, die zufällig in den Garten der van Veens fielen. Das war pures Glück, und alle sahen es als gutes Zeichen an. Herman, das Kind einer Arbeiterfamilie, ging in Utrecht auf die Montessorischule. Der Bub pfiff ständig vor sich hin, und so borgte Herr Mok, der Schuldirektor, ihm eine Geige. Er war ein musikbegeisterter Mann und fand, man müsse den musikalischen Herman fördern. Herman bekam Geigenunterricht und Gesangsstunden, da war er acht. Als er siebzehn war, ging er auf das Konservatorium und studierte Geige und Gesang. Herrn Mok hat er später ein Lied gewidmet.

Vor Herman ist kein Instrument sicher. Er muss sie alle ausprobieren. Und meist bringt er sie schon beim ersten Mal zum Klingen, beginnt, ohne jede Vorkenntnis, darauf zu spielen. Für seine Eltern ist das nicht immer angenehm. Als er sich während seiner Studienzeit für das Saxophon begeisterte, stopft seine Mutter eine Rolle Klopapier in den Schalltrichter des Saxophons, um den Lärm, der durchs Haus dröhnt, zu mildern.

Sofort nach Abschluss des Musikstudiums tritt Herman zum ersten Mal öffentlich auf. Er geht auf Tourneen durch Holland, Belgien und Deutschland. Das Publikum ist begeistert. Was immer Herman van Veen auch auf der Bühne macht - als Sänger, Clown, Geiger, Pantomime, Tänzer, Schauspieler - immer ist es faszinierend, ihm zuzuhören und zuzuschauen. Herman ist ein langer, schlanker Mann mit großen Augen, dessen lockige Haare von Jahr zu Jahr weniger werden. Heute ist es nur mehr ein Haarkränzchen, das ihm auch ungeschminkt den Ausdruck eines Clowns verleiht. Herman singt sanfte Balladen genauso wie Songs im fetzigen Disco-Sound. Dazwischen erzählt er Geschichten oder klettert einmal kurz im Saal an einer Säule hoch, um dort einen Jux zu treiben. Wenn sein Programm zu Ende ist, hören die Leute nicht auf, zu applaudieren. Immer wieder kommt Herman van Veen vor den Vorhang und singt noch ein Lied als Zugabe. Einmal, in der deutschen Stadt Bamberg, hatte er bereits alle seine Lieder gesungen, aber der Applaus nahm kein Ende. Zuletzt kam Herman in der Unterhose auf die Bühne, um den Leuten zu sagen: „Jetzt ist es aus, ich habe nichts mehr für euch."

Wenn Herman nicht auftritt, komponiert er. Oder er inszeniert Spielfilme und Fernsehserien und schreibt Kinderbücher, Theaterstücke und Gedichte. Und er hat vier Kinder, die ihn auch in Anspruch nehmen.
Für Kinder hat Herman van Veen ein großes Herz. „Kindsein, das kenn ich doch, bin ja jahrelang selber eins gewesen", heißt eines seiner Lieder. Seit dem Jahr 1968 ist Herman van Veen ehrenamtlicher Botschafter des niederländischen Komitees der UNICEF, der Kinderhilfsorganisation der UNO. Er besucht Kinder in Ländern der Dritten Welt und wirbt in den reichen Ländern um Spenden. Im Jahr 1977 gründete er mit Freunden eine Entwicklungsorganisation mit dem Namen „Colombine". Hier werden ganz konkrete Projekte verwirklicht, z.B. ein Trinkwasserprojekt in Kenia, ein Arbeitsplatzbeschaffungsprojekt für Mütter in Tondo oder Hilfe für die Menschen in den Slums von Manila.
Herman van Veen ist ein weltberühmter Mann. Heute führen ihn seine Tourneen auch außerhalb Europas, in die USA, nach Japan, Korea oder Taiwan. Hermans Lieder sind nicht nur für Spaß und Unterhaltung geschrieben, poetisch oder komisch. Die ihm so wichtigen Themen Frieden, Umweltschutz, Menschlichkeit nehmen in seinen Balladen, Songs und Chansons einen großen und festen Platz ein. „Ein Lied kann die Welt nicht verändern", sagt Herman van Veen, „aber es verändert das Lebensgefühl der Menschen. Jedes Gedicht, jede Melodie verändert das Bewusstsein der Menschen, ohne dass sie es merken. Eines der schönsten Lieder, das ich noch immer singe, handelt von dem, der vollkommen wehrlos lieben kann. Ein bisschen ist das auch zu meiner Lebensüberzeugung geworden."

Joke van Leeuwen

Deesje macht das schon

Auf dem Bildschirm erschien groß und rot der Kopf von Frau Mans.
„Die Erste, die vorlesen wird, heißt ...", Frau Mans spähte nervös auf ihren Zettel, „... heißt Kootje. Sie liebt die Natur, vor allem im Herbst. Sie hat eine schöne Armbanduhr mit der englischen Hymne, und sie möchte gern berühmt werden. Ihr Aufsatz handelt vom Wald im Herbst."
Die Leute im Saal klatschten, und Kootje stellte sich ans Mikrofon. Deesje sah ihren Kopf auf einem der Monitore. Aber sie hörte nicht auf das, was Kootje vorlas.
‚Du musst weg!', ging es ihr durch den Kopf. ‚Du hast keinen Aufsatz. Gleich kommt dein Gesicht auf den Fernsehschirm, und dann weißt du nicht, was du sagen sollst.

Und die Halbtante weiß nicht, wo du bist. Und Herr Paprika auch nicht. Und der Türenschließer macht erst abends die Türen zu.'
Die Leute im Saal klatschten laut, als Kootje mit dem Vorlesen fertig war. Weil sie klatschen mussten.
Nach Kootje kam ein Junge an die Reihe. Sein Aufsatz hieß: Mein Computer. Er sagte Wörter wie Floppydisk und Shift und Input, und Deesje verstand gar nichts.
In Gedanken war sie bereits zehnmal weggegangen.
Auf alle möglichen Arten, die in Gedanken gehen, in echt aber nicht.
Zum Beispiel so:
Durchsichtig werden, und niemand sieht einen weggehen.
Sehr klein werden und unter den Sitzen durchlaufen.
Verschwinden durch ein Loch im Fußboden, das von allein wieder zugeht.

„Und jetzt kommt Deesje", sagte Frau Mans. „Wir wissen nicht, welches ihre Lieblingsfarbe ist und so, aber sie reißt gern aus und ist ziemlich eigenwillig."
Deesje fühlte einen Stoß in der Seite. „Du musst jetzt", flüsterte Kootje aufgeregt. Langsam stand Deesje auf. Es kam ihr vor, als wären ihre Beine voll gepumpt mit Wasser. Und es kam ihr vor, als wäre das Mikrofon einen Kilometer weit weg. Sie sah, wie der Kopf von Frau Mans noch röter wurde, als er schon war. Frau Mans deutete fuchtelnd auf Deesjes Hände, weil sie keinen Aufsatz mitnahm. Deesje hatte aber gar keinen Aufsatz. Mit leeren Händen stand sie vor den großen Kameras und dem Saal voller Leute.
Doch auf einmal war es, als gingen in ihrem Kopf lauter kleine Fensterchen auf, aus denen Geschichten herauskamen, die sie gehört hatte, Träume, die sie geträumt hatte, und Stücke eines Films von so vielen Dingen, die sie geträumt hatte, und Stücke eines Films von so vielen Dingen, die sie gesehen hatte. Das alles hatte sich in ihrem Kopf gesammelt und verdreht, verwirrt und vermischt. Und als sie ihren Mund aufmachte, kam eine Geschichte heraus, die sie selbst auch zum ersten Mal hörte:
„Es war einmal ein Mädchen, und sie hieß Aceta Dingsbums. Sie hatte keinen Vater und keine Mutter und gar nichts mehr. Sie wohnte ganz allein in einem Kleiderschrank. Es war ein schöner Kleiderschrank. Innen mit Streifentapete und einer Bretterdecke. Der Schrank stand in dem Haus, wo sie vorher gewohnt hat.
Aber es war was sehr Schlimmes passiert.
Ein Drache war gekommen. Ein großer schwarzer Drache mit weißen Tupfen. Großen weißen Tupfen. In das Haus.
Der Drache stieß einfach die Haustür auf.
Dann hat er erst ihren Vater aufgegessen und dann ihre Mutter und ihre Schwester und ihren Bruder und den Freund von ihrem Bruder und die Schwester vom Freund

von ihrem Bruder und die Freundin von der Schwester vom Freund von ihrem Bruder."
„Was für ein schrecklicher Aufsatz", rief eine Frau.
„Nein, spannend", schrie ein Kind.
„Pst", zischten alle im Saal.
„Na, und dann hatte der Drache erst mal genug gefressen. Das Mädchen versteckte sich schnell im Schrank. Sie hatte zum Glück ein Überraschungspaket mit Essen mitgenommen. Darin waren Butterbrote und Bonbons und ein Keks und Saft.
Sie aß zuerst den Keks auf und das Bonbon und dann die Butterbrote (mit Käse). Und sie trank den Saft aus (Apfelsaft). Als nichts mehr da war, hatte sie nichts mehr. Aber sie wollte lieber nicht vor Hunger sterben. Denn das ist schlimm. Na, und weißt du was sie dann tat?
Dann packte sie die Stange, an der die Kleider hingen (weil es ein Kleiderschrank war). Sie benutzte die Stange als Pickstock zum Kämpfen.
Sie rief: ‚KUNG-FU-FEITING! Kung-Fu-Feiting, ich werde den Drachen überwältigen!' (Weil sie wusste natürlich, wie das geht, überwältigen.)
Der Drache hörte das. Er fing fürchterlich an zu brummen und zu fauchen.
Die Leute draußen hörten das. Sie kamen alle und wollten sehen, wer gewinnt, das wollten sie schon wissen! Es wurde sehr spannend. Und das Mädchen (Aceta Dingsbums) hatte überhaupt keine Angst oder so. Sie kam aus dem Schrank. Sie schrie sehr laut Kung-Fu-Feiting.
Der Drache kam immer näher. Er schlug wild mit den Füßen um sich. Die Leute draußen machten fast in die Hose, weil es so spannend war. Der Drache schlug ihr mit dem Schwanz ins Genick. Aber dann ..."

Deesje ist ein ungewöhnliches Mädchen, das von allen unterschätzt wird. Eine Reise in die große Stadt wird zu einem spannenden, skurrilen Abenteuer, und Deesje kann endlich - nicht zuletzt bei einem Aufsatzwettbewerb - zeigen, was in ihr steckt.

ÖSTERREICH
REPUBLIK ÖSTERREICH

Fläche: 83 853 km²

Einwohner: 8,0 Mill.

Hauptstadt: Wien

Amtssprachen: Deutsch; in einigen Kärntner Gemeinden auch Slowenisch

Religionen: 78% Katholiken, 5% Protestanten, 17% andere, darunter Muslime und Juden.

Nationalfeiertag: 26. Oktober, der an den 1955 getroffenen Beschluss des Nationalrates über die „immer währende Neutralität Österreichs" erinnert.

Währung: 1 Schilling = 100 Groschen

Lage: zwischen 46°22' und 49°01' n. Br. sowie 9°32' und 17°10' ö. L.

Zeitzone: Mitteleuropäische Zeit

Geschichte

15 v. Chr.: Unter Kaiser Augustus stießen römische Soldaten bis zur Donau vor. Das Gebiet des heutigen Österreich gehörte zu den römischen Provinzen Noricum, Raetia und Pannonia.

260-453 n. Chr.: Während der Zeit der Völkerwanderungen fielen die Hunnen immer wieder in die Region ein.

um 500: Nach dem Rückzug der letzten Römer besiedelten Bajuwaren, Alemannen, Slawen und Awaren das Land.

788: Die österreichischen Gebiete wurden in das Fränkische Reich Karls des Großen eingegliedert.

955: Seit 900 griffen ungarische Truppen das Gebiet an. 955 gelang es Otto I., die Ungarn zu besiegen. 976 kam Österreich an den Markgrafen Leopold I. von Babenberg.

1278: Beginn der über 600-jährigen Herrschaft der Habsburger.

1438: Herzog Albrecht V. wurde als Albrecht II. zum römisch-deutschen König ernannt. Die Habsburger blieben mit einer kurzen Unterbrechung (1742-1745) bis 1806 im Besitz der Krone des Heiligen Römischen Reiches.

1496/97: Eine Doppelhochzeit verband die Häuser Habsburg und Aragonien.

1526: Böhmen und Ungarn fielen nach dem Tod ihres Königs an Österreich, das von Kaiser Karl V. regiert wurde.

Nach der Abdankung Karls V. (1555/56) kamen die österreichischen Erblande, Böhmen und Ungarn an dessen Bruder Ferdinand I.; Spanien, die Niederlande, der spanische Besitz in Italien und das Kolonialreich an seinen Sohn Philipp II.

1683: Kaiserlichen Truppen gelang es, den zweiten Einfall der Türken vor Wien zu stoppen.

1687: Mit der Rückeroberung Ungarns erhielt das Haus Habsburg das Erbfolgerecht auf den ungarischen Thron.

1740-1780: Entsprechend der Pragmatischen Sanktion übernahm Maria Theresia den österreichischen Thron. Ihre Regierungszeit war von Reformen geprägt. Unter ihrer Herrschaft wurde die Vormachtstellung Österreichs gestärkt.

1804: Der deutsche Kaiser Franz II. nahm den Titel eines Kaisers von Österreich an (als solcher wird er als Franz I. gezählt).

1806: Kaiser Franz II. (I.) legte die Kaiserkrone des Heiligen Römischen Reiches nieder.

1814/15: Nach der Neuordnung Europas auf dem Wiener Kongress übernahm Österreich unter Außenminister Fürst Clemens von Metternich die Vorrangstellung im Deutschen Bund.

1866: Auflösung des Deutschen Bundes.

1867: Ausgleich: Errichtung der Doppelmonarchie Österreich-Ungarn. Ungarn war eigenes Königreich und stand in Personalunion mit dem Kaiserreich Österreich.

1914: Das Attentat auf den österreichischen Thronfolger Franz Ferdinand in Sarajewo löste den 1. Weltkrieg aus.

1918: Am Ende des 1. Weltkrieges brach die Doppelmonarchie zusammen. Ihre Nachfolgestaaten waren u. a. Österreich, die Tschechoslowakei und Ungarn.

1920: Österreich wurde Bundesrepublik.

1938: Anschluss an das Dritte Reich.

1945: Eine provisorische Regierung stellte die Unabhängigkeit Österreichs wieder her und proklamierte die Republik. Das Land wurde in vier Besatzungszonen aufgeteilt. SPÖ und ÖVP bildeten eine Koalitionsregierung.

1955: Mit dem österreichischen Staatsvertrag wurde die Besatzungszeit beendet, Österreich wurde souveräner Staat und verpflichtete sich auf immer währende Neutralität. Im selben Jahr trat Österreich der UNO bei.

1960: Aufnahme in den Europarat und Mitgliedschaft in der EFTA.

1994: In einem Referendum im Juni stimmte die Mehrheit der Bevölkerung für den Beitritt zur EU.

1995: Am 1. Januar wurde Österreich Mitglied der Europäischen Gemeinschaft.

1997: Im Januar löste Viktor Klima Bundeskanzler Franz Vranitzky als Regierungschef ab. Er führt die große Koalition aus SPÖ und ÖVP.

Politik

Die Republik Österreich ist eine parlamentarische Demokratie.

Staatsoberhaupt ist der vom Volk direkt gewählte Bundespräsident. Er ernennt und entlässt den Bundeskanzler, außerdem auf dessen Vorschlag die Minister. Der Bundespräsident hat auch das Recht zur Auflösung des Nationalrates und ist oberster Befehlshaber des Bundesheeres.

Der Bundesstaat Österreich

(9 Länder) hat ein parlamentarisches Zweikammernsystem bestehend aus Nationalrat und Bundesrat. Entsprechend seiner Einwohnerzahl entsendet ein Bundesland mindestens 3 und höchstens 12 Abgeordnete in den Bundesrat. Dieser kann gegen Beschlüsse des Nationalrates lediglich ein aufschiebendes Veto einlegen.

National- und Bundesrat bilden zusammen die Bundesversammlung. Ihr obliegt die Amtseinführung des Bundespräsidenten sowie die Beschlussfassung über eine Kriegserklärung.

Nach dem Ende des 2. Weltkriegs konstituierten sich auch die österreichischen Parteien neu. Aus der alten Sozialdemokratischen Partei ging die Sozialistische Partei Österreichs (seit 1991 wieder Sozialdemokratische Partei Österreichs, SPÖ) hervor, die zusammen mit der aus der Christlichsozialen Partei neu entstandenen Österreichischen Volkspartei (ÖVP) das politische Bild Österreichs in entscheidendem Maße bestimmte. Von den kleineren Parteien erlangte zunächst die 1918 gegründete Kommunistische Partei Österreichs (KPÖ) einen gewissen Einfluss. Sie spielt aber heute keine bedeutende Rolle mehr. Die deutschnationale Tradition vertrat der 1949 gegründete Verband der Unabhängigen (VdU), aus dem 1955/56 die Freiheitliche Partei Österreichs (FPÖ) hervorging, die 1983 - 1986 erstmals auch zu Regierungsverantwortung auf Bundesebene kam. 1993 gründeten ehemalige FPÖ-Mitglieder das Liberale Forum. 1995 wurde die FPÖ in Die Freiheitlichen umbenannt. Die Grün-Alternativen konnten 1986 erstmalig in den Nationalrat einziehen.

Kulinarisches

Österreich ist durch die gemeinsame Geschichte mit vielen Ländern verbunden, und Deutsch wird nicht nur hier gesprochen. Nicht alle Grenzen - mögen sie auch noch so politisch begründet sein - sind Grenzen. Ganz besonders gilt das für die Einflüsse, die Österreich aus den Kochtöpfen „fremder" Köchinnen übernommen hat (Es waren früher hauptsächlich Frauen, die die Tradition einer Küche gehütet haben): Powideltascherln (mit Zwetschkenmus gefüllte Teigtäschchen), Buchteln, Pofesen (in Deutschland so etwas wie „Arme Ritter"), Pogatscherln und noch viel mehr Mehlspeisen kommen aus Böhmen;

die Cevapcici und das würzige Djuwetsch (Reisfleisch) vom Balkan;

Palatschinken sind nicht Schinken - sondern aus Ungarn importierte Pfannkuchen mit Marmelade gefüllt und eingerollt; von dort kommt auch das Letscho;

den Apfelstrudel mit Kaffee haben wohl türkische Belagerer vor Wien vergessen;

die Wiege des berühmten Wiener Schnitzels stand in Mailand;

den Gugelhupf hat vermutlich der Gemahl der Kaiserin Maria Theresia aus dem Elsaß mitgebracht ...

Auch sonst hat die Monarchie ihre Spuren auf den österreichischen Speisekarten hinterlassen: Da gibt es den Esterhazy-Rostbraten, den Reis Trauttmannsdorff, die Palffy-Knödel ... Und das Wort „Kaiser" vorangestellt bedeutet so viel wie eine

Österreich

Veredelung, z.B. beim Kaiserschmarrn oder beim Kaisersemmerl.
Da immer wieder falsche Wiener Schnitzel auftauchen - damit sind die gemeint, die mit Sauce oder Sardellenringerl serviert werden - hier das Rezept des originalen

WIENER SCHNITZEL
Besorge für ein Schnitzelessen:
Für jeden Esser eine Scheibe vom Schlegel des Schweines oder Kalbes,
Mehl in einem Teller,
für vier Schnitzel ein großes Ei mit 2 Esslöffel Milch in einem Suppenteller verquirlt, Brösel / Paniermehl in einem anderen Teller, Salz und wenig Pfeffer.

Und so wird aus den Zutaten ein echtes Wiener Schnitzel:
Das Fleisch salzen und pfeffern. Zuerst in Mehl wenden ("trocken machen"), dann durch die Eimasse ziehen und schließlich in den Bröseln wenden - die kannst du vorsichtig andrücken.
Nun versenkst du jedes Schnitzel im Fritter oder in einer Pfanne mit reichlich heißem Öl. Wenn beide Seiten „goldbraun" sind, heb das Schnitzel auf ein Stück Küchenkrepp zum Abtropfen.

Dazu passt grüner Salat und / oder Erdäpfelsalat.
Noch ein Blitzrezept für Erdäpfel- bzw. Kartoffelsalat: Erdäpfel kochen, noch heiß schälen, in Scheiben schneiden und flott in einer vorbereiteten Marinade (Essig, Öl, Zucker, Salz, Pfeffer, Wasser und ein wenig scharfer Senf. Statt des Wassers kannst du auch Suppe verwenden.) versenken. Fein geschnittene Zwiebelringe (möglichst von der roten Zwiebel) vor dem Servieren untermischen. Guten Appetit!

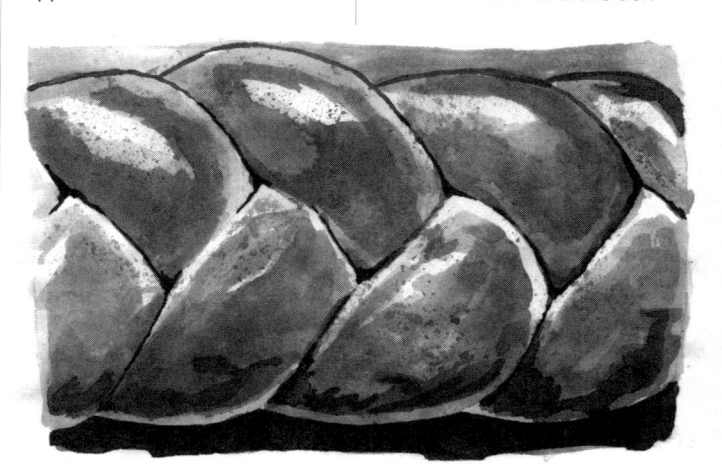

Als Nachspeise empfehlen wir dazu einen

GRIEẞSCHMARRN:
Bereite für vier Gäste vor:
3/4 l Milch, Salz, 2 Esslöffel Butter,
200 g Zucker und eine Hand voll Rosinen,
300 g Weizengrieß, Staubzucker, Butter für die Pfanne.

So wird's gemacht:
Die Milch lass zusammen mit 2 Esslöffel Butter, Salz, Zucker und den Rosinen aufkochen. In die sanft kochende Milch rühre Löffel um Löffel den Grieß ein. Nimm den Topf vom Feuer und lass den Grießbrei noch etwas aufquellen.
In einer Pfanne lass inzwischen Butter zergehen, sodass der Boden und die Ränder fett sind. Dahinein streiche den Grießschmarrn und schiebe ihn ins heiße Backrohr. Wenn die Oberfläche leicht gebräunt ist, hole die Pfanne aus dem Backrohr. Mit zwei Gabeln zerreißt du jetzt den Schmarrn, streust Puderzucker darüber und servierst ihn mit Kompott.

MARGARETE BAUT FÜR MENSCHEN

Wien, im Jahr 1920. Die Herren in den dunklen Gehröcken und den blütenweißen Hemden mit steifen Kragen stehen mit feierlichen Gesichtern im Zimmer des Hofrats. Auf dem Besprechungstisch in der Mitte des Raums liegen säuberlich geordnete Papierstöße: Mappen, große Kuverts, gerollte Pläne. Es sind die eingesandten Arbeiten für einen Architektenwettbewerb. Am Wiener Schafberg soll eine Schrebergartenanlage mit kleinen, praktischen und preiswerten Häusern errichtet werden. Nun sind die eingesandten Arbeiten zu begutachten, die Pläne zu prüfen. Der hohe Beamte wirft einen kurzen Blick in die Runde und sagt: „Alsdann, meine Herren, bevor wir an die Arbeit gehen, darf ich Ihnen noch eine Besonderheit verraten: Eine der eingesandten Arbeiten ist von einer Frau." Die Herren schauen verdutzt. „No ja", sagt der Hofrat, „drängen sich ja schon überall hinein, diese Frauenzimmer. Jetzt werden sie gar schon zum technischen Studium zugelassen. Aber ich bin sicher, wir werden's gleich herausfinden, die Häuschen, die das Fräulein bauen will."
Nun öffnen die Herren der Kommission die Mappen und Kuverts, die alle mit einem Kennwort versehen sind, denn die Teilnehmer am Wettbewerb sollen bis zur Entscheidung anonym bleiben. Diese Sitzung ist heute besonders interessant, denn jeder will derjenige sein, der die Pläne der Architektin erkennt. Wetten werden abgeschlossen.

Schon am späten Vormittag ist sich die Runde einig: Einer der Pläne ist mit besonders schönen Aquarellmalereien verziert, er wurde unter dem romantischen Kennwort „Zurück zur Natur" eingereicht. Das muss der Entwurf sein. „Typisch Frau", sagt einer der Juroren, „lieb, aber unbrauchbar". Und dann lachen alle zustimmend. Am Ende des Tages aber wissen die Herren dann, dass sie sich gründlich geirrt haben.

Die Arbeit der jungen Architektin hat zwar nur den dritten Preis bekommen, aber ihr Entwurf ist besonders technisch durchdacht. Es ist das einzige Projekt, das mit Fenstern, Türen und anderen Konstruktionselementen ausgeführt ist, die normiert sind. Das heißt, dass es sie bereits vorgefertigt zu kaufen gibt. Das ist damals, wo beim Wohnbau jedes Fenster, jede Tür einzeln und händisch gefertigt wurde, eine große Erneuerung.
„Vor allem aus Kostengründen habe ich das so entworfen. Und diese besonders technische Art zu denken, hätten die Juroren einer Frau nicht zugetraut", sagt die Architektin Margarete Schütte-Lihotzky viele Jahre später in einem Interview.

Damals, im Jahr 1920, hieß sie noch Margarete Lihotzky, und sie war dreiundzwanzig Jahre alt. Als einzige Frau hatte sie von 1915 bis 1919 die Wiener Kunstgewerbeschule besucht und beschlossen, Architektin zu werden. Die Familie war entsetzt. „Jeder hat mir ausreden wollen, dass ich Architektin werde, mein Vater, mein Großvater und auch mein Lehrer. Sie haben geglaubt, dass sich kein Mensch je von einer Frau ein Haus bauen lassen wird. In diesem Beruf, so dachten sie, werde ich verhungern." Aber Margarete, ein fröhliches junges Mädchen mit einer damals ganz modernen Kurzhaarfrisur, setzt ihren Kopf durch. Als sie im Jahr 1917 an einem Wettbewerb zur Planung von Arbeiterwohnungen teilnehmen will, bekommt sie von ihrem Lehrer einen Rat: „Bevor Sie auf dem Reißbrett auch nur einen einzigen Strich machen, gehen Sie hinaus in die Arbeiterbezirke und schauen Sie sich an, wie die Menschen wirklich wohnen." Es sind die Jahre des Ersten Weltkriegs, und die Wohnungsnot in den Städten ist groß. In Wien leben Arbeiterfamilien auf kleinstem Raum unter meist menschenunwürdigen Bedingungen. Margarete sieht sich viele dieser primitiven Wohnungen an, dann zeichnet sie Pläne. Und sie gewinnt den Wettbewerb. Den Rat des Professors wird sie ihr ganzes weiteres Leben beherzigen. Bevor sie mit den Entwürfen, den Bauplänen beginnt, wird sie sich stets vorher genau informieren. „Was brauchen die Menschen, für die ich bauen will wirklich? Wie kann ich ihnen das Alltagsleben erleichtern?" Diese Fragen stehen am Beginn jeder ihrer Arbeiten.

Nach dem Studienabschluss arbeitet Margarete in einem Architekturbüro in Holland, später baut sie Arbeiterwohnhäuser in Wien. Sie entwirft zerlegbare Holzhäuser, die serienmäßig produziert und damit auch billiger werden sollen. 1926 fährt Margarete nach Deutschland. In Frankfurt werden große Wohnhausanlagen errichtet, ein Team von Architekten hat sie zur Mitarbeit eingeladen. Margarete soll Wohnungen für berufstätige Frauen entwerfen. Sie überlegt, wie sie durch zweckmäßige Kücheneinrichtung den Frauen die Arbeit im Haushalt erleichtern kann. Frauen, die weniger Zeit für die Hausarbeit benötigen, so denkt sie, haben mehr Zeit für ihre Kinder. Margarete entwirft eine kleine, praktisch angelegte Küche. Jeden Handgriff, jeden Arbeitsgang, der darin gemacht werden soll, hat sie genau durchdacht. Es ist ihr z.B. besonders wichtig, dass die Hausfrau nicht quer durch die Küche laufen muss, wenn sie am Herd steht und einen Topf oder Teller braucht. So entsteht die „Frankfurter Küche", die erste Form der Einbauküche, eine absolut neue und bahnbrechende Kücheneinrichtung. Mit einem Mal wird Margarete Schütte Lihotzky - sie ist nun mit dem Architekten Wilhelm Schütte verheiratet - als Architektin international bekannt. Sie freut sich über den Erfolg, aber andererseits ärgert es sie, dass sie als Frau nun gerade mit einer Küche berühmt geworden ist. „Hier plant eine Frau für Frauen", schreiben Journalisten und erklären, dass eine Frau eben genau weiß, was Hausfrauen brauchen. Doch Margarete kann selbst gar nicht kochen. Ihr ist nur die Zweckmäßigkeit, die Einsparung von Zeit und Arbeit innerhalb einer Küche wichtig. Als Margarete 1930 eingeladen wird, für fünf Jahre nach Moskau zu fahren und dort Wohnungen zu bauen, sagt sie sofort zu. Allerdings stellt sie zwei Bedingungen: „Erstens: mein Mann muss auch im Team sein, zweitens: ich will dort keine Küchen mehr machen." Tatsächlich baut sie in Moskau Schulen und Kindergärten.

Im Jahr 1938 erhält Margarete einen Auftrag der Bauakademie in Istanbul. Österreich hat zu dieser Zeit bereits aufgehört zu existieren. Es ist als so genannte Ostmark ins deutsche Nazi-Reich eingegliedert worden. Viele Menschen müssen aus rassistischen oder politischen Gründen flüchten. Einige von ihnen haben in der Türkei Asyl gefunden. In Istanbul lernt Margarete Menschen kennen, die gegen die Nazi-Diktatur kämpfen wollen. Im Jahr 1940, während des Zweiten Weltkriegs, sucht diese Gruppe jemanden, der bereit ist, nach Österreich zu reisen. Es geht darum, mit jenen Menschen Kontakt aufzunehmen, die daheim im Untergrund gegen die Nazis arbeiten. Das kann sehr gefährlich werden, denn jeder, der aus dem Ausland ins Deutsche Reich kommt, wird genauestens überprüft. Margarete will mithelfen, damit Österreich wieder ein freies, demokratisches Land wird. Sie meldet sich freiwillig. Sie sagt: „Ich bin die Einzige unter euch, die nicht gefährdet ist. Ich bin keine Jüdin und ich bin auch nicht aus Österreich geflohen. Außerdem bin ich durch die Ehe mit meinem Mann deutsche Staatsbürgerin geworden." Obwohl sie in Istanbul ein sicheres Leben hat und beruflich erfolgreich ist, geht sie dieses Risiko ein. Viele Jahre später erklärt sie: „Ich war damals nicht mutig, es war eine Selbstverständlichkeit. Und zwar für uns alle. Ganz gleich, ob wir Katholiken, Sozialisten oder Kommunisten waren."

Im Winter 1940 kommt sie nach einer langen, mühsamen Bahnreise in Wien an. Sie nimmt Kontakt mit den Widerstandskämpfern auf, die aber werden bereits seit längerem von der Geheimen Staatspolizei überwacht. Im Jänner 1941, einen Tag vor ihrem vierundvierzigsten Geburtstag, wird Margarete verhaftet. Vor den brutalen Verhören und der Folter durch die Nazis hat sie große Angst. Aber sie hat Glück, sie wird nicht, wie viele andere, zum Tode verurteilt, sondern nur zu fünfzehn Jahren Zuchthaus. Bis zum Zusammenbruch des Hitler-Faschismus bleibt sie aber in Deutschland hinter Kerkermauern. Als im April des Jahres 1945 amerikanische Soldaten die Türen der Gefängniszellen aufsperren, ist Margarete wieder frei.

Der neu erstandene Staat Österreich, in den sie zurückkehrt und für den sie ihr Leben riskiert hat, hat ihr dafür lange nicht gedankt, im Gegenteil. Margarete, die während des Krieges der Kommunistischen Partei beigetreten war, erhielt keine öffentlichen Aufträge. Obwohl große Teile des Landes in Schutt und Asche lagen. Obwohl sie als Architektin eine weltberühmte Fachfrau für die Errichtung von Schulen, Kindergärten und Wohnsiedlungen war. Architekten, die sich in der Nazi-Zeit für das Hitler-Regime begeistert hatten, erhielten hingegen sehr wohl Bauaufträge. „Das hat mich schwer getroffen", erzählt sie. „Ich war so lange im Gefängnis, bin dort nur knapp dem Tod entronnen. Und dann hatte ich keine Arbeit. Dabei hätte ich für meine Heimatstadt Wien wirklich viel leisten können. Das habe ich als sehr ungerecht empfunden."
Margarete erhält stattdessen Aufträge aus dem Ausland, sie baut in vielen Ländern, von Deutschland bis China. Sie ist eine international gefragte Architektin.

Erst im Jahr 1980 würdigt Österreich die große alte Dame der Architektur. Die Technischen Universitäten von Wien und Graz, die Hochschule für Angewandte Kunst in Wien und die Stadt Wien verleihen Margarete Schütte-Lihotzky Ehrungen. Margarete nimmt all diese Auszeichnungen an. „Nur schade, dass sie so spät kommen", sagt sie. „Jetzt bin ich bald zu alt zum Bauen." Margarete ist bis ins hohe Alter als Architektin tätig, über siebzig Jahre lang steht sie im Berufsleben. Als die kleine alte Dame mit den wachen Augen am 23. Jänner 1997 ihren hundertsten Geburtstag feiert, gibt es ein großes Fest. Im Museum für Angewandte Kunst überreicht ihr der Wiener Bürgermeister den Ehrenring der Stadt. Und als die Musik zu spielen beginnt, machen die beiden sogar ein kleines Tänzchen. Trotz dieser späten, viel zu späten Anerkennung in ihrer Heimatstadt ist die Architektin Margarete Schütte-Lihotzky in Wien und Österreich den meisten Menschen unbekannt. Andererseits wird sie und die von ihr zeitlebens entwickelte moderne Architektur auf der ganzen Welt hoch gerühmt. Sie ist damit - international, nicht in ihrer Heimat - Österreichs bekannteste Architektin. Aber so ein Gegensatz soll bei großen Österreichern ja schon öfter vorgekommen sein ...

Christine Nöstlinger

Echt Susi

„Ich hätte zwar für heute ganz etwas anderes vorgehabt", sagte die Luise Panigl. „Aber Eisen soll man schmieden, solange sie noch heiß sind. Reden wir also ein wenig über Ausländer. Und ihre Kinder. Ist euch das recht, meine Herrschaften?"
Sie bekam wieder keine Antwort.
„Eure begeisterte Zustimmung verschlägt mir den Atem", sage die Luise Panigl. „Macht aber nichts. Grammatik mögt ihr auch nicht, und sie kommt trotzdem dran. Also, Huber, könntest du vielleicht zu diesem Thema etwas beitragen?" Die Luise Panigl hielt sich strikte daran, Susi - so wie in der ersten Stunde ausgemacht - nur mit dem Nachnamen anzureden.
Susi stand zögernd auf. Was sollte sie da viel beitragen? Und dazu noch, wie das in der Schule zu sein hatte, in allerfeinstem Deutsch!
„Na, Huber", die Luise Panigl lächelte, „wenn du dich so aufregst, dass du sogar mit Büchern werfen willst, wird dich doch an der Meinung von ein paar Klassenkameraden allerhand gestört haben, oder nicht?" Susi nickte.
„Jetzt könntest du besser zur Wort kommen als vorher in dem Irrsinnsgebrüll", lockte die Luise Panigl.
„Es ist um den Ali gegangen", sagte Susi. „Der Ali ist mein Freund. Wir sind zusammen in die Schule gegangen."
Susi hörte zu reden auf. Es war zu kompliziert! Sie konnte sich doch nicht bei der Panigl über den Paul und die Verena beschweren! Wie sollte man denn das sagen, ohne dass man „vernaderte"?
„Das ist schon eine alte Feindschaft", sagte Susi. „Von Anfang an haben ein paar den Ali nicht mögen. Ich meine, es muss ja nicht jeder jeden mögen, aber die haben Ali nur deshalb nicht mögen, weil er ein Türke ist." Susi starrte die Verena an. „Eine Mama ist sogar in die Schule gekommen und hat verlangt, dass ihre Tochter von Ali weggesetzt wird!"
„Wegen der Läuse", rief die Verena.
„Dabei waren die Läuse nicht vom Ali", sage Susi. „Die halbe Klasse hat Läuse gehabt, und von wem die waren, weiß niemand genau. Aber der Ali hat gar keine Läuse gehabt, und ich, obwohl ich immer mit ihm zusammen war, hab auch keine gehabt!"
Als die Verena „Läuse" gesagt hatte, war in der Klasse ein Gemurmel entstanden, das sich von Sekunde zu Sekunde gesteigert hatte und nun, in diversen Gesprächsrunden, in sehr lauten Diskussionen explodierte.

„Jeder kommt dran", rief die Luise Panigl. „Aber einer nach dem anderen. Jetzt ist immer noch die Huber am Wort!" Dreimal noch musste die Luise Panigl verkünden, dass nun die Huber am Wort sei, bis wieder halbwegs Ruhe in der Klasse einkehrte und Susi weiterreden konnte.
„Und dass der Ali schmutzig ist, haben euch etliche gesagt", sagte sie. „Aber der Ali -"
„Na, war der vielleicht nicht dreckig", rief die Verena. „Ganz schwarze Fingernägel hat er gehabt!"
„Nur ein paar Mal", sagte Susi. „Weil nämlich, also wie er mit seinen Eltern gekommen ist, da war in der Wohnung noch kein Wasser und nicht einmal ein richtiger Ofen. Und nur ein Elektrokocher -" Susi schwieg. Sie hatte plötzlich das Gefühl, hier nicht so über den Ali reden zu dürfen. Der Ali hätte das nicht mögen! Ganz sicher nicht!
Die Luise Panigl nickte Susi aufmunternd zu.
Der Michi sprang auf. „Das Wasser haben sie vom Gang holen müssen", sagte er „Und auf dem Elektrokocher haben sie in der Früh den Kaffee gekocht, da war kein Platz zum Wasserwärmen. Und so scheißkalt - Entschuldigung, bitte - so sehr kalt war es in der Wohnung. Da wäre dem Ali beim Waschen ja alles abgefroren!" Der Michi setzte sich wieder nieder.
„Jetzt hörts langsam auf!" Der Zapperl rief es sitzend. „Die Wascherei macht mich langsam nervös. Für jeden dreckigen Inländer einen Schilling, und ich wäre Millionär!"
Die meisten Kinder in der 1C lachten, nur ein paar schauten den Zapperl empört an.
„Na, weil's wahr ist!", sagte der Zapperl.
„Und worüber willst du reden, Zapperl?", fragte die Luise Panigl. Susi setzte sich erleichtert nieder, der Zapperl stand auf.
„Ich tät lieber darüber reden", sagte er, „warum ein paar in unserer Klasse richtige Rassisten sind."
„Ein paar was?", fragte das Nussbeugel Susi.
„Rassisten", sagte Susi. Susi wollte dem Nussbeugel, so gut sie es eben konnte, erklären, was dieses Wort zu bedeuten habe, doch da sagte die Luise Panigl schon zum Zapperl: „Kannst du denen, die nicht wissen, was ein Rassist ist, das erklären?"
Der Zapperl nickte. „Also", fing er an, „das ist, wenn man die eigene Rasse für besser hält. Von Natur aus für besser, so zu sagen. Das sind die Leute, die sagen, dass die Schwarzen - also diese Leute sagen dann Neger -, dass die ein kleineres Hirn wie wir haben. Und das sind die Leute, die keine Ausländer mögen. Also, wenn die Ausländer zu uns kommen und da arbeiten wollen. Im Urlaub, wenn sie zu den Ausländern fahren, ist das anders. Leute mit blöden Vorurteilen gegen Ausländer sind das!"
„Was gibt es denn da für Vorurteile?", fragte die Luise Panigl. Sie nahm ein Stück Kreide und schrieb mit Blockbuchstaben an die Tafel: KLEINERES HIRN, SCHMUTZIG,

LÄUSE. Der Stefan meldete sich. „Man muss das nach den verschiedenen Ausländern aufteilen", sagte er, „weil niemand behauptet, dass die Juden - zum Beispiel - ein kleineres Hirn haben, ganz im Gegenteil!"
„Stimmt", sagte die Luise Panigl. Sie löschte die drei Wörter von der Tafel. „Also, wie machen wir es?"
„Untereinander die verschiedenen Ausländer", rief der Paul.
„Und daneben dann die Schimpfwörter für sie", rief das Nussbeugel. „Weil die sind auch wichtig und ganz verschieden!"
„Und wieder daneben die Vorurteile", sagte die Bumpfi-Kathi.
„Da brauchst ja drei Tafeln nebeneinander", sagte der Zapperl.
„Ich werde sehr klein schreiben", versprach die Luise Panigl.
In dieser Unterrichtsstunde kam die Luise Panigl aber gar nicht mehr dazu, die „Vorurteile" an die Tafel zu schreiben, denn schon bei den verschiedenen Ausländern konnte sich die 1C nicht einig werden. Die halbe Klasse war dafür, Türken, Jugoslawen und Griechen gemeinsam anzuführen, weil die Vorurteile gegen sie alle die gleichen seine. Mit: Für die ist doch Tschusch gleich Tschusch, vertrat der Zapperl diesen Teil der Klasse. Mit: Aber die Türken sind noch unbeliebter als die anderen, vertrat das Nussbeugel die in der Klasse, die für Einzelaufführung waren. Und dann, als man sich endlich geeinigt hatte, Türken, Griechen und Jugoslawen einzeln anzuführen, aber mit einer Klammer zu versehen, entstand ein Streit über die Juden. „Die sind doch gar keine Ausländer", sagte Susi. Die meisten Kinder in der Klasse gaben ihr Recht. Nur der Paul stänkerte: „Eh klar, für dich ist ja auch der Ali kein Ausländer!" Und die Ulli sagte: „Aber früher waren sie Ausländer, dann erst sind sie überall hingezogen!"
Worauf der Stefan rief: „Dann bist du auch ein Ausländer! Glaubst, deine Ururstrumpfahnen waren schon immer von da? Hast noch nix von der Völkerwanderung gehört?"
Worauf der Paul rief: „Aber in Israel sind sie Inländer, also sind sie bei uns Ausländer!"
Worauf sich der Martin meldete und fragte: „Bitte, was sind eigentlich Juden, ich weiß es nämlich nicht so genau, außer, dass die einen über sie schimpfen und die anderen sie in Schutz nehmen!"
Und damit war die letzte Stunde um. Und die Luise Panigl gab als Hausübung auf, bis zur nächsten Stunde möge jeder aufschreiben, was er über Juden wisse.

Alles verschwört sich gegen Susi: Sie darf nicht in dieselbe Schule gehen wie Ali, Paul benimmt sich unmöglich, Verena ist eine Nervensäge, und den peinlichen Liebesbrief an Alexander kann nur noch Susis Freundin, das Nussbeugel, abfangen ...

PORTUGAL

PORTUGIESISCHE REPUBLIK
República Portuguesa

FLÄCHE: 92 389 km²
EINWOHNER: 9,9 Mill.
HAUPTSTADT: Lisboa (Lissabon)
AMTSSPRACHE: Portugiesisch
RELIGIONEN: über 94% römisch-katholisch
NATIONALFEIERTAG: 10. Juni - zum Gedenken des Todes des Dichters Luis Vaz de Camões 1525 - 1580.
WÄHRUNG: 1 Escudo = 100 Centavos
LAGE: zwischen 36°58' und 42°10' n. Br. sowie 6°11' und 9°30' w. L.
ZEITZONE: Mitteleuropäische Zeit minus 1 Stunde.

GESCHICHTE

72 v. Chr.: Das von einer iberisch-keltischen Mischbevölkerung (Lusitanier) bewohnte Gebiet des heutigen Portugal, in dessen Süden karthagische Kolonien lagen, wurde römische Provinz.

585: Seit dem 5. Jahrhundert im Norden von germanischen Alanen und Sueben besiedelt, wurde es westgotisch.

711: Portugal wurde arabisch.

9. Jahrhundert: Beginn der Rückeroberung (Reconquista)

11. - 14. Jahrhundert: Die Grenzgrafschaft Portucalia im Norden stand seit 1095 unter der Herrschaft Heinrichs von Burgund, dessen Sohn Alfons Heinrich sich 1139 König (Alfons I.) nannte und die Selbständigkeit Portugals begründete. Mit deutschen und englischen Kreuzfahrern eroberte er im Kampf gegen die Araber 1147 Lissabon; 1260 wurde Lissabon Residenz, 1267 wurde die bis heute gültige Grenze mit Spanien festgelegt. Alfons IV. († 1357) ließ die atlantischen Entdeckungsfahrten in größerem Umfang beginnen. Der „Windsorvertrag" von 1386 leitete die noch heute bestehende Anlehnung an England ein.

1415: Beginn der Eroberung nordafrikanischen Gebiets (Ceuta), später Ausbreitung an der Küste Westafrikas.

15./16. Jahrhundert: Portugiesen erreichten das Kap (Bartolomeu Diaz) und ließen sich nach Entdeckung des Seewegs nach Indien (Vasco da Gama) dort in

Handelskolonien nieder. Zum asiatischen und afrikanischen Kolonialbesitz kam das 1499 entdeckte Brasilien (Pedro Álvares Cabral). Gewaltiger Reichtum floss infolge des Kolonialhandels nach Portugal; doch auf die Dauer zeigte sich, dass das kleine Portugal eine zu schmale Basis für das Kolonialreich war. Als nach dem Aussterben der Königsdynastie die Spanier Portugal annektierten, wurde es in die spanisch-englisch-niederländische Auseinandersetzung hineingezogen. Die Molukken, Ceylon und zeitweilig der Nordosten Brasiliens gingen an die Holländer verloren.

1640: Loslösung von Spanien

18. Jahrhundert: Im Innern kam der Klerus zur Herrschaft; die Wirtschaft wurde durch den Methuenvertrag 1703 noch mehr von England abhängig; der größte Teil des Kolonialbesitzes war an die Niederländer und Engländer verloren gegangen.

1807: Der portugiesische Hof musste vor Napoleon I. nach Brasilien fliehen. Mit englischer Hilfe wurden die Franzosen vertrieben.

1821: Rückkehr von Johann VI. aus Brasilien, das 1822 unabhängig wurde. Um die Staatsform der konstitutionellen Monarchie begann ein langer Streit zwischen Liberalen und Reaktionären. Nach vorübergehender Stabilisierung der inneren Verhältnisse ging der Verfall weiter.

1911: Portugal wurde Republik. Die parlamentarische Demokratie konnte sich nicht durchsetzen (Unruhen und Putsche).

1928: A. de Oliveira Salazar (seit 1928 Finanzminister, 1932 - 1968 Ministerpräsident) errichtete einen autoritärkorporativen Einparteienstaat (Estado Novo).

1939: Portugal schloss mit Spanien den Iberischen Pakt.

1949: Beitritt zur NATO

1955: Beitritt zur UNO

1960: Breitritt zur EFTA

1968 - 1974: Salazars Nachfolger M. Caetano setzte dessen repressive Politik fort. Seit den 60er-Jahren führte Portugal gegen die Unabhängigkeitsbewegungen in seinen afrikanischen Besitzungen einen verlustreichen Kolonialkrieg, der auf zunehmende Kritik bei der Bevölkerung und bei Teilen der Armee stieß. Am 25. 4. 1974 wurde die Diktatur von der „Bewegung der Streitkräfte" (MFA) gestürzt, deren Träger vor allem jüngere Offiziere waren. Demokratische Verhältnisse wurden wieder hergestellt, die Kolonien größtenteils 1974/75 in die Unabhängigkeit entlassen. Im MFA waren zunächst sozialrevolutionär orientierte Kräfte bestimmend, die eine sozialistische Entwicklung anstrebten. Insbesondere wurde eine Landreform eingeleitet. Nach fehlgeschlagenen rechts- und linksradikalen Putschversuchen setzten sich Ende 1975 gemäßigte Gruppen durch.

1976: Die Präsidentenwahl gewann General R. Eanes (1980 mit großer Mehrheit wieder gewählt), der sich die Festigung der pluralistischen Demokratie zur Aufgabe machte. Die ersten Parlamentswahlen fanden 1976 statt. Sie machten die Sozialisten (PS) zur stärksten Partei, erbrachten aber keine klaren Mehrheitsverhältnisse. Daher wurden 1979 vor dem Ablauf der Legislaturperiode Neuwahlen abgehalten. Auch in der Folgezeit waren vorgezogene Neuwahlen die Regel.

1986: Mitglied der Europäischen Gemeinschaft. Im gleichen Jahr wurde der

Sozialist M. Soares, der 1976 - 1978 und 1983 - 1985 Ministerpräsident war, zum Staatspräsidenten gewählt (Wiederwahl 1991). Seit 1987 konnte sich die PSD-Regierung unter Cavaco Silva - als Erste seit dem Sturz der Diktatur - auf eine absolute Mehrheit im Parlament stützen. Diese wurde bei den Wahlen 1991 bestätigt.

1995: Aus den Parlamentswahlen gingen die Sozialisten als stärkste Partei hervor. Ihr Führer A. Guterres bildete eine Minderheitsregierung.

1996: Die Präsidentschaftswahlen gewann der sozialistische Kandidat J. Sampaio.

Politik

Die Verfassung von 1976, die 1982 und 1989 in wesentlichen Punkten geändert wurde, ist liberal-demokratisch geprägt und hat sozialstaatliche Züge. Staatsoberhaupt ist der Präsident, der vom Volk auf 5 Jahre gewählt wird. Das aus 230 Abgeordneten bestehende Einkammerparlament, die „Versammlung der Republik", wird nach dem Verhältniswahlrecht gewählt. Die Sozialistische Partei (PSP) orientiert ihre Politik am Programm der deutschen SPD. Die Kommunistische Partei (PCP) folgte im Wesentlichen dem Kurs der Sowjetunion. In der Mitte des Parteienspektrums steht die bürgerlich-liberale Sozialdemokratische Partei (PSD). Rechts von der Mitte steht das Demokratisch-Soziale Zentrum (CDS). Die PCP dominiert neben dem Gewerkschaftsdachverband das linke Wahlbündnis CDU.

Kulinarisches

Obwohl Portugal ein flächenmäßig kleiner Staat ist, zählt das Portugiesische zu den Weltsprachen. Das hängt mit der Geschichte des Landes zusammen. Immerhin, die Nachfahren der kühnen Seefahrer und Weltumsegler, der Abenteurer und Eroberer begegnen uns im ganzen Land. Hier fließen Kulturen aus aller Welt wie selbstverständlich ineinander, alle Schattierungen an Haut- und Haarfarben prägen das Straßenbild. Bald haben wir uns hier wohl gefühlt! Freundlich und hilfsbereit wurden wir aufgenommen. Feste sind hier etwas Besonderes - auch der Stierkampf! In Portugal wird beim Stierkampf der Stier nicht getötet, sondern er kommt wieder auf die Weide.

An das Fest des in Lissabon geborenen Hl. Antonius - am 14. Juni - in der Alfama, der Altstadt rund um den Burgberg, erinnern wir uns besonders gern und oft: Den ganzen Tag über wurden die Straßen mit Girlanden geschmückt, Basilikumbäumchen mit bunten Papiernelken aufgeputzt und verkauft und Stände errichtet. Dann, als es dunkel wurde, begann das pulsierendste Fest, das wir je erlebten. Fast vor jedem Haus wurde ein kleiner Griller aufgebaut, und auf seinem Rost wurden Fische gegrillt. Das Besondere war, dass wirklich jeder mit jedem gefeiert hat! Es gab Musik und Tanz - ganz ohne Eintritt, einfach so. Als wir längst nach Mitternacht wieder ins Hotel gingen, waren - noch immer oder schon wieder? - Kinder fröhlich hinter Leckereien her.

Nicht nur die portugiesischen Weine, zum Beispiel Port, werden überall auf der Welt gerne getrunken. Es gibt auch viele schmackhafte Speisen - selbstverständlich

sehr oft mit Fisch und Meeresgetier.
Hier eine zum Nachkochen:

PORTUGIESISCHE SPINATBRÖTCHEN
Bereite für vier Esser vor:
1 kg frischen Spinat,
2 Semmeln,
Sardellenpaste und
8 Sardellenfilets,
1 hart gekochtes Ei,
4 grüne gefüllte Oliven,
Saft einer 1/2 Zitrone,
Butter und Salz.

So wird's gemacht:
Den Spinat putzen, waschen und 3/4 davon in 2 Esslöffel zerlassener Butter und dem Zitronensaft dünsten. Nach fünf Minuten mit dem Schaumlöffel auf ein Küchenbrett heben, mit dem frischen Spinat mischen und klein schneiden.
Die Semmeln halbieren und aushöhlen. In die Höhlung kommen Butter, Sardellenpaste und Spinat. Auf den Spinat kommen Eischeiben, die Sardellenfilets kreuzweise darauf und die gehackten Oliven in die Mitte. Alles mit Butterflocken belegen und die Spinatbrötchen kurz ins heiße Backrohr schieben. Salat schmeckt dazu super.

Als Nachtisch empfehlen wir

GEFÜLLTE FEIGEN:
Für vier Naschkatzen braucht man:
8 große getrocknete Feigen,
16 blanchierte und gehackte Mandeln, 4 Mandeln extra,
halbbittere geriebene Schokolade.

So wird's gemacht:
Die Fruchtstiele der Feigen mit einer Schere abschneiden. Mit dem Finger ein kleines Loch in die Feige bohren. Mandeln und Schokolade mischen und in die Feige füllen. Im Backrohr 5 Minuten bei Mittelhitze backen, umdrehen, nochmals 5 Minuten backen. Sobald die Feigen aus dem Backrohr sind, eine der übrigen Mandeln in die Öffnung drücken und noch warm servieren.

VASCO ERREICHT INDIEN

Langsam und bedächtig entrollt der alte Mann die Seekarte mit den arabischen Zeichen und Eintragungen. Darüber gebeugt beginnt er mit seinen Erklärungen: „Hier, mein Kapitän, werden wir Kurs nach Nordosten nehmen. Der Wind wird entscheiden, wie schnell wir vorankommen. Den Kurs auf Indien entscheidet immer der Wind."
Der Kapitän klopft schnell und ungeduldig mit dem Finger an die Tischkante. „Was sagt er? Übersetze gefälligst, dazu bist du schließlich hier!", herrscht er den dritten Mann, der dicht an die Wand gepresst steht, an. Für drei Leute ist zu wenig Platz in der Kajüte des Kapitäns, aber anders geht es nicht. Denn Ahmad ibn Majid, der alte Lotse, spricht nur Arabisch, Vasco da Gama, der Kapitän, wiederum nur Portugiesisch. Der Dolmetsch Fernão Martins war Gefangener der Mauren in Afrika und hat dort Arabisch gelernt. Fernão fürchtet seinen Kapitän, er weiß um dessen Ungeduld und Jähzorn.

Vasco da Gama ist ein erfahrener Seemann, ein hervorragender Navigator und ein unerschrockener Kommandant. Seine mangelnde Geduld wurde schon zu lange auf die Probe gestellt. Vor acht Monaten, im August 1497, ist er mit vier Segelschiffen von Portugal aus aufgebrochen, um den Seeweg um Afrika herum bis nach Indien zu finden. Alle Schwierigkeiten der bisherigen Reise hat der Kapitän gemeistert. Da sind unterwegs die Wasservorräte faulig geworden, durch einen großen Sturm ist ein Mast gebrochen, und in den tropischen Gewässern haben die Schiffsrümpfe Sprünge bekommen. Daher ist es immer wieder notwendig gewesen, in Afrika sichere Buchten zu finden und an Land zu gehen. Das hat auch zu Auseinandersetzungen mit Afrikanern geführt. Einmal ist Vasco durch den Pfeil eines Buschmanns verletzt worden. Bald darauf brach unter den Matrosen die gefürchtete Krankheit Skorbut aus. Vasco da Gama ist ein harter Mann. Dass er sich und seine Mannschaft ohne Rücksicht auf Verluste nach Indien bringen würde, stand für ihn außer Zweifel.

Nun aber sitzt er mit seinen Schiffen bereits seit zwei Wochen in Malindi, etwa 30 Meilen nördlich von Mombasa, an der ostafrikanischen Küste, fest. Von hier aus kann der Weg nach Indien nicht mehr weit sein, denkt er. Die Mannschaft ist an Land gewesen und hat ausreichend frisches Wasser und Proviant an Bord gebracht. Alle sind bereit. Der Kapitän aber weiß, dass ihm das Wichtigste fehlt, um die Reise fortzusetzen: ein Lotse, der den Weg durch den Indischen Ozean kennt, von Windverhältnissen und Strömungen weiß und mit den fremden Küsten vertraut ist. Schon in Mombasa hat Vasco da Gama versucht, einen Lotsen zu finden. Er hat seine Leute an Land geschickt, um Kontakte zu knüpfen. Aber wann immer die Portugiesen einen geeigneten Fachmann anheuern wollten, lehnte dieser ab. Der Grund dafür wird wohl ein religiöser gewesen sein. Die Portugiesen sind Christen, ein Großteil der Bewohner von Mombasa und Malindi Muslime. Zwischen bei-

den Religionsgruppen besteht Ablehnung und Feindschaft. In Malindi hat Vasco nach einigen Tagen des Wartens einen seiner gefürchteten Wutanfälle bekommen. Als kurz darauf ein Diener des Scheichs mit einer Nachricht an Bord kam - völlig arglos und in friedlicher Absicht -, ließ der Kapitän den Araber festnehmen und behielt ihn als Geisel. Dem Scheich, dessen großzügige Gastfreundschaft er kurz davor noch genossen hatte, ließ er ausrichten: „Schickt mir einen Lotsen für Indien. Dann wird Eurem Diener nichts geschehen."
Der Scheich gab nach. Wahrscheinlich, weil er hoffte, mit den Seefahrern aus dem weit entfernten, unbekannten Land später einmal Geschäfte machen zu können. Er sandte seinen besten Lotsen.
Ahmad ibn Majid ist ein Meister der Navigation. Schon sein Großvater und sein Vater sind Lotsen gewesen. Er selbst ist ein „Mu'allim", ein Lehrer und Navigationsoffizier. Ahmad ibn Majid muss allerdings bereits weit über sechzig sein.

Als Vasco den alten Mann mit dem grünen Turban auf dem Kopf an Bord kommen sah, musterte er ihn misstrauisch. Aber nun, da die drei Männer in der kleinen Kajüte stehen, hat sich der Zorn des Kapitäns gelegt. Der Alte erklärt Vasco die Karte, zeigt den Weg, den die Schiffe nehmen werden, spricht vom Monsun, dem Wind, von dem alles abhängt. Kein Zweifel, er versteht sein Handwerk. Nun holt der Kapitän einige Instrumente aus einem Schrank. Moderne Geräte aus Messing, mit deren Hilfe die Sonnenhöhe bestimmt werden kann. Ahmad ibn Majid kennt sie alle. „Die Lotsen am Roten Meer benutzen ähnliche", sagt er, „damit bestimmen sie auch die Höhe der Sterne, so finden sie in der Nacht ihren Weg."

Nun hält Vasco nichts mehr in Malindi. Am 24. April 1498 gibt er den Befehl, die Anker zu lichten und die Segel zu setzen. Die Flotte aus Portugal kann den letzten Teil ihrer großen Reise antreten. Während der nächsten 23 Tage ist der Wind günstig, dann beginnt es heftig zu regen. Unter starken Gewittern kommt Vasco da Gamas Flotte am 20. Mai 1498 in Kalkutta an. Nach elf Monaten auf See hat sie ihr Ziel erreicht.
Der Aufenthalt des Vasco da Gama in Indien ist nicht sehr erfolgreich. Der Kapitän hat sich während der gefahrvollen Seereise einen rau-

en und herrischen Ton angewöhnt. Der war notwendig gewesen, um die Mannschaft während aller Schwierigkeiten zu kommandieren. Für kultivierte indische Handelsherrn oder gar den König, den Samorin, sind diese Umgangsformen aber nicht geeignet. Und der hitzköpfige Vasco lässt jedes Taktgefühl und jede nötige Diplomatie vermissen.

An die fünf Monate bleiben die Portugiesen in Indien, ohne die erhofften großen Geschäfte zu machen. Im Herbst 1498 brechen Vasco und seine Männer nach großen Schwierigkeiten und Auseinandersetzungen zur Heimreise auf. Ein Jahr später, um den 1. September 1499, kommen sie in Portugal an. Viele sind unterwegs an Skorbut oder an Schwindsucht gestorben, auch Paulo da Gama, der Bruder des Kapitäns. Nur zwei der vier Segelschiffe erreichen den portugiesischen Heimathafen. Und dennoch ist Vasco da Gama der Held seines Landes. Denn er bringt etwas, das letztlich mehr wiegt als große Mengen von Gewürzen und Edelsteinen. Er hat den Seeweg erzwungen, der andere portugiesische Schiffe nach Indien führen wird. Vasco hat die Route präzise aufgezeichnet. Noch vierhundert Jahre später werden Seeleute nach seinen Angaben nach Indien fahren.
Vasco da Gamas Seereise begründete den Aufstieg Portugals zur Kolonialmacht und verband Europa mit dem fernen Asien.
Kolumbus, der für Spanien schon 1492 nach Westen gesegelt war, hatte ja nicht Indien erreicht, sondern, wie bald darauf festgestellt wurde, eine völlig neue Welt, nämlich den amerikanischen Kontinent. Die Reise des Vasco da Gama hatte 26 Monate gedauert und war Tausende von Seemeilen länger als die Expedition des Kolumbus.

Der portugiesische Entdecker und Seeheld Vasco da Gama war natürlich ein Mensch seiner Zeit. Ihm selbst ging es nicht um das Entdecken und Erforschen fremder Kulturen, um weltverbindende Kontakte, um Kunst oder Schönheit. Im Mittelpunkt seines Denkens standen auftragsgemäß nur wirtschaftliche Interessen: Gold, Gewürze, Stoffe und Edelsteine. Er war nicht nur energisch und zielstrebig, er war auch unbeherrscht, hochmütig, rücksichtslos und brutal in seinen Durchsetzungsmethoden. Das mindert aber nicht seine großartige seemännische Leistung. Noch zweimal sollte er nach Indien segeln. 1524 kommt Admiral Vasco da Gama zum dritten und letzten Mal nach Indien. Er ist Mitte bis Ende fünfzig - sein Geburtsdatum ist nicht genau bekannt - und wird nun portugiesischer Vizekönig von Ostindien. Am 24. Dezember desselben Jahres stirbt er dort.

Alice Vieira

Die Augen von Ana Marta

Aber als ich noch klein war, hatte ich nur Ohren für traurige Prinzessinnen und verzweifelte Prinzen. Die Stimme von Leonor war wie ein Raunen, die Wörter schienen in ihrem Mund zu wachsen, und die Küche verwandelte sich in einen brennenden See am anderen Ende der Welt, von dem eine Hexe Prinz Graciano verwünschte.
Prinz Graciano war die große Liebe meines Lebens. Er war perfekt, mein Vorbild. Eine Zeit lang glaubte ich sogar, wir wären Geschwister. Schließlich hatte man mir die falsche Mutter gegeben, und ihn hatte man vor die Tür eines armen Bauern gelegt. Immerhin konnte er, obwohl man ihn ausgesetzt hatte, später noch den Thron zurückerobern, heiraten, viele Kinder zeugen und bis an sein Lebensende glücklich sein. Man musste nicht notwendigerweise im Elend enden, nur weil man von seinen Eltern ausgesetzt wurde.
Wenn Leonor die Geschichte vom Prinzen Graciano erzählte, sagte sie immer, er sei ein „Findelkind" gewesen. Manchmal sagte sie nicht mal seinen Namen, er war nur „das Findelkind". Und beide starben wir vor Mitleid mit ihm. Aber das Mitleid war von kurzer Dauer, denn nach all den üblichen Entbehrungen erklangen irgendwann die „Timpanos und Schalmeien", und Prinz Graciano bekam schließlich doch noch, was ihm zustand, und es gab ein riesiges Fest, dem alle seine Untertanen beiwohnten. Ich wusste weder, was Timpanos noch was Schalmeien waren, aber sie spielten immer eine wichtige Rolle, wenn Leonor Geschichten erzählte, in denen ein König vorkam, obwohl sie bestimmt auch keine genaue Vorstellung davon hatte, welche Funktion sie eigentlich besaßen. Aber eines muss ich zugeben, sie verschafften der Geschichte immer einen gewissen Glanz.
Vielleicht erinnerte ich mich an Leonors Stimme („Das arme kleine Findelkind ..."), als ich an einem Freitag, als Flávia mich ins Empfangszimmer rief und Doña Pepa mich fragte, „was ich am liebsten wäre", antwortete: „Am liebsten wäre ich ein Findelkind."
Aber Doña Pepa kannte Prinz Graciano nicht, sie konnte es nicht verstehen.
Sie waren überaus gekränkt, und Flávia hatte für den Rest der Woche eine Krise.
Ich verstand nicht, was ich Schlimmes gesagt hatte, und wartete weiterhin darauf, dass Prinz Graciano eines Tages herausfinden würde, dass er mein Bruder war, und mich holen kommen würde, um mich in seinen Palast aus Kristall und Bernstein mitzunehmen.

Ich wusste auch nicht, was Bernstein war, aber wenn Leonor dieses Wort aussprach, schloss ich sofort, dass nur daraus die Paläste der Könige und Prinzen gebaut sein konnten. Auch wenn diese vor die Tür eines armen Bauern gelegt und so zu Findelkindern wurden.

„In den Neumondnächten", sagte Leonor, „beruhigte sich das Wasser der Meere, und Prinz Gracianos Palast erleuchtete die ganze Welt. Dann kamen die Feen und nahmen ihm mit sich in die Wolken."

Wir sprachen beide sehr leise, damit Flávia keine Kopfschmerzen bekam und weil die Geschichten von Prinz Graciano immer so erzählt werden mussten, fast gemurmelt, denn so klangen die Stimmen der Feen, und wir mussten genau so sein wie sie.

Ich sah Leonor an und fragte:

„Wie kann Prinz Graciano in die Wolken? Hatte er Flügel?"

„Er brach kleine Stückchen vom Dach ab und steckte sie in seine Taschen."

„Wenn ich kleine Stücke von unserem Dach in meine Taschen stecke, kann ich dann auch in die Wolken fliegen?"

„Das Dach von Prinz Graciano war aus Bernstein, und der Bernstein macht, dass man fliegen kann."

„Auch wenn man keine Flügel hat?"

„Auch wenn man keine Flügel hat."

„Warum ist unser Dach nicht aus Bernstein?"

„Nur die Dächer der Schlösser von Prinzen und Prinzessinnen sind aus Bernstein."

„Von allen Prinzen und allen Prinzessinnen?"

„Nicht von allen."

„Und das von der Prinzessin Diana aus England?"

„Nein, das nicht."

„Aber Flávia hat gesagt, dass sie einen Prinzen heiraten und eines Tages Königin werden würde."

„Nur die Prinzen und Prinzessinnen aus den Märchen. Nur die haben Dächer aus Bernstein."

„Und die anderen?"

An dieser Stelle verlor Leonor für gewöhnlich die Geduld. Sie schätzte es nicht, in ihrer Erzählung unterbrochen zu werden, und außerdem interessierte sie sich nicht für Prinzen und Prinzessinnen, die nicht durch die sieben Welten reisten und somit nicht in ihren Geschichten vorkamen.

„Ach was", brummte sie. „Das sind doch überhaupt keine Prinzen!"

„Wieso?"

„Ich meine, das sind Leute wie wir, die leben in normalen Häusern, haben Zahnschmerzen, genau wie wir."

„Haben die auch Kopfschmerzen, wie Flávia?"
„Natürlich."
„Und Fieber, wie ich?"
„Manchmal."
Dann beendete sie noch den begonnenen Satz und fügte hinzu, dass sie vollkommen uninteressant seien.
Ich fand immer, dass Leonor den Königshäusern Unrecht tat. Vielleicht wohnten die heutigen Prinzen, die man im Fernsehen und in den Zeitschriften zu sehen bekam, nicht in Schlössern mit Bernsteindächern, aber dass sie in Häusern wie den unseren wohnten, schien mir auch untertrieben zu sein. In einem Haus wie dem von Senhora Teresa wohnten sie bestimmt nicht. Aber darauf habe ich sie nie angesprochen.
Im Übrigen zog Prinz Graciano während all der Jahre, in denen er seine richtige Mutter suchte, so oft von einem Palast zum anderen, dass es durchaus möglich war, dass er mal in einem dritten Stock ohne Fahrstuhl landete, so wie bei uns („Diese alten Häuser, also wirklich ...", sagte der Briefträger immer, wenn er wegen eines Einschreibens bis zu unserer Tür hochlaufen musste).
Es war sogar sehr wahrscheinlich. Er hatte ja schließlich alle sieben Teile der Welt durchquert. Und wo hatte er gewohnt, als er im Ruhmreichen Portugal weilte? Übrigens - da war Leonor ganz sicher, denn sie wusste es von ihrer Großmutter - war es im Ruhmreichen Portugal gewesen, in dem Prinz Gracianos Mutter ihn gefunden hatte.
„Wie weit weg sie auch immer sein mögen, Eltern finden ihre Kinder immer", sagte Leonor.
„Wirklich?", fragte ich.
„Wahr oder unwahr, so hat man es mir erzählt", antwortete sie.

Marta weiß nicht, was sie falsch macht: Ihre Mutter Flávia ist abweisend, ihr Vater verschanzt sich hinter seiner Arbeit. Martas einziger Trost ist die alte Haushälterin Leonor, die wunderschöne Geschichten zu erzählen weiß. Leonor deutet Marta an, dass sich vor deren Geburt etwas ereignete, worüber keiner sprechen darf ...

SCHWEDEN

KÖNIGREICH SCHWEDEN
Konungariket Sverige

Fläche: 449 964 km²
Einwohner: 8,8 Mill.
Hauptstadt: Stockholm
Amtssprache: Schwedisch
Religionen: 95% Evangelisch-Lutherische Schwedische Kirche, 5% andere, darunter andere protestantische Glaubensrichtungen, Katholiken, Muslime und Juden.
Nationalfeiertag ist seit 1983 der 6. Juni („Flaggentag") zur Erinnerung an die Königskrönung Gustavs I. Wasa.
Währung: 1 Schwedische Krone = 100 Öre
Lage: zwischen 55°20' und 69°04' n. Br. sowie 10°58' und 24°10' ö. L.
Zeitzone: Mitteleuropäische Zeit

Geschichte

um 50 v. Chr.: Der germanische Volksstamm der Svear betrieb regen Handel mit den Römern.

um 830: Mit Ansgar hielt das Christentum Einzug im heutigen Schweden.

um 800-1000: Schwedische Wikinger errichteten Kolonien und Handelsrouten in Russland und anderen osteuropäischen Ländern.

1397: Die Kalmarer Union vereinigte Schweden und Norwegen unter der dänischen Krone.

1523: Unter König Gustav I., der 1527 die Reformation einführte, erlangte Schweden seine Unabhängigkeit wieder.

1660: Nach dem Frieden von Oliva erreichte Schweden seine größte Ausdehnung.

1709: Peter I., der Große, schlug die Schweden in der Schlacht bei Poltawa. Der Frieden von Nystad (1721) beendete die Vormachtstellung Schwedens.

1720: Die Reichsstände erließen eine neue Verfassung, die ihre Macht erheblich vergrößerte und ihnen die Regierung nahezu überließ.

1809: Während der napoleonischen Kriege verlor Schweden Finnland an Russland.

1814: Dänemark trat Norwegen an Schweden ab.

1905: Norwegen trat aus der Personalunion mit Schweden aus und erklärte seine Unabhängigkeit.

1914-1918 und **1939-1945**: Während beider Weltkriege blieb Schweden neutral.

1946: Schweden wurde Mitglied der Vereinten Nationen, behielt aber seine Politik der Neutralität bei.

1960: Schweden gründete mit sechs anderen europäischen Staaten die EFTA (Europäische Freihandelsassoziation).

ab 1990: Um die steigenden Ausgaben auszugleichen, führte Schweden Steuerreformen durch und schränkte die Sozialleistungen ein.

1991: Die Wahlen brachten einen Regierungswechsel. Der Konservative Carl Bildt löste den Sozialdemokraten Ingvar Carlsson ab.

1994: Bei einer Volksabstimmung beschloss die Mehrheit der Bevölkerung den Beitritt zur EU. Carlsson wurde Chef einer sozialdemokratischen Minderheitsregierung.

1995: Schweden wurde Mitglied der EU.

1996: Im März wurde Göran Persson zum neuen Ministerpräsidenten gewählt.

POLITIK

Staatsoberhaupt des Landes ist der König. Die Monarchie in Schweden ist erblich. Eine Verfassungsänderung von 1979 hat auch die weibliche Thronfolge ermöglicht. Der König, der schon seit längerem keinen nennenswerten Einfluss mehr auf die aktive Politik besaß, hat seit 1975 auch formell nur noch repräsentative Aufgaben. Die Legislative des Landes besteht aus einer Kammer, dem Reichstag mit 349 auf drei Jahre im Verhältniswahlsystem gewählten Abgeordneten.

Die größte Partei des Landes ist die Sozialdemokratische Arbeiterpartei (Socialdemokratiska Arbetarepartiet, SAP). Sie verfolgt einen sozialreformerischen Kurs. Eine der großen bürgerlichen Parteien Schwedens ist die Zentrumspartei (Centerpartiet, C), die sich im Wesentlichen auf die Unterstützung der ländlichen Bevölkerung verlassen kann. Die Gemäßigte Sammlungspartei (Moderata Samlingspartiet, M) tritt für freie Marktwirtschaft ein. Ebenfalls zum bürgerlichen Block gehören die Christdemokraten. Eine sozialliberale Position vertritt die Volkspartei (Folkpartiet, FP). Links von der SAP stehen die Umweltpartei (Miljöpartiet De Gröna, MG) sowie die Linkspartei (Vänsterpartiet, V).

KULINARISCHES

Bei Schweden werden viele von euch an zwei Kinderbuch-Autorinnen denken, an Astrid Lindgren und Selma Lagerlöf. Pippi Langstrumpf und Nils Holgersson sind die Kinder ihrer Phantasie. Über Pippi und ihre Schöpferin steht in diesem Buch viel Interessantes. Beim Däumeling Nils Holgersson wirst du dich an das Buch oder die Fernsehserie erinnern, die von der „wunderbaren Reise mit den Wildgänsen" erzählen.

Und aus der Vogelperspektive sieht Stockholm aus wie eine Stadt, die auf dem Wasser schwimmt. Schließlich ist die Hauptstadt des Landes auf 14 Inseln gesetzt und wird von Weltenbummlern als „Venedig des Nordens" bezeichnet.

Es ist schon ein besonderes Glück, wenn du an einem Festtag in Schweden bist und zu einem echten *smörgasbord* eingeladen bist. In der wörtlichen Übersetzung würde das heißen, du bist zu einem Butterbrottisch eingeladen. Aber das wäre völlig falsch! Ein *smörgasbord* ist ein üppiges Büffet mit kalten und warmen, pikanten und süßen Köstlichkeiten. Und du bist herzlich eingeladen, sooft du willst, zum Büffet zu gehen und zu schnabulieren. Dabei solltest du nur wissen, in welcher Reihenfolge die eingeweihten *smörgasbord*-Esser zulangen:

Auf den ersten Teller kommen die Happen vom Hering, der hier *sill* heißt.

Für die Garnelen, die Krabben, den Aal, den Lachs (in allen Variationen) und andere Fische nimmst du einen frischen Teller.

Das tust du auch, wenn du bei den Fleischspeisen, den Salaten und Ei-Gerichten zulangst.

Für die kleinen warmen Genüsse wie Heringsauflauf, Gemüse, Champignons, Rühreier, Würste ... steht dir wieder mindestens ein frischer Teller zu.

Falls du dann noch Platz im Bauch hast, um Käse und/oder Obstsalat zu probieren – dann, ja dann steht dir auch für den fünften Gang wieder ein frischer Teller zu. Eines aber beachtet ein *smörgasbord*-Profi: Er häuft nie zu viel auf einen Teller!

Dazu gibt es schwedisches Brot, das mit Melasse (einem Zuckersirup) gewürzt ist – etwas ungewöhnlich, diese schwedische Süße, aber man gewöhnt sich gut daran.

Biff Lindström

mögen alle gern! Sie erinnern an faschierte Laibchen oder Frikadellen und sind doch eine schwedische Spezialität. Probier einmal!

Dafür brauchst du, wenn du vier hungrige Mäuler stopfen willst:

500 g mageres Rindfleisch, durch den Fleischwolf gedreht,
1 große Kartoffel, geschält und gerieben,
2 Eier,
1/2 Tasse klein geschnittenen Salat aus roten Rüben,
1 kleine Zwiebel, fein gehackt und in Butter angeröstet,
2 Esslöffel Kapern,
Salz und Pfeffer nach Geschmack,
Öl zum Braten und Petersilienblättchen zum Verzieren.

Und so machst du biff Lindström:

Alle Zutaten zu einer griffigen Masse mischen und gut durchkneten. Aus dieser Menge solltest du etwa 12 Kugeln formen, sie leicht flachdrücken und in einer Pfanne mit heißem Öl braten. Die fertigen Beefsteaks auf einer vorgewärmten Platte anrichten, mit Petersilie garnieren. Dazu passt Kartoffelpüree oder auch Salat.

ASTRID SCHREIBT FÜR KINDER

Näs ist ein winziges Dorf nahe der Kleinstadt Vimmerby. Es liegt in Smaland, im südlichsten Teil von Schweden, eine karge, aber schöne, Landschaft. In Näs wohnen die Ericssons. Eltern, Kinder, der Großvater und etliche Mägde und Knechte leben dicht gedrängt in einem kleinen, rot getünchten Holzhaus. Aber für die Kinder ist der Platzmangel kein Problem. Die Eltern haben ihnen unter einem Schuppendach eine Spielstube eingerichtet. Einen einfachen Raum, in dem ein paar alte Flickenteppiche auf dem Holzboden liegen. Kisten mit alten Zeitungen stehen dort, in einer Ecke sind Märchenbücher aufgestapelt, in der anderen findet man Holzfiguren und selbst gemachte Puppen. Dazwischen eine alte Tasche der Großmutter oder andere wunderbare Dinge, die am Hof niemand mehr braucht. Aber das Schönste für die Kinder ist - niemals muss dort oben aufgeräumt werden. Es ist ein herrlicher Platz zum Spielen. Eine lustige Kinderrunde ist daher Tag für Tag im alten Haus anzutreffen. Anna, Fridolf und Greta Karlsson, die Kinder des Stallknechts, Anne-Marie Hansson, die Enkelin des Pfarrers und Madicken, die Tochter des Bankdirektors in Vimmerby, alle kommen sie zum Hof der Ericssons, um mit Gunnar, Astrid und Stina zu spielen. Sogar die kleine Ingegerd darf mit dabei sein, obwohl sie erst sechs ist. Der Sommer ist wegen der Schulferien die allerschönste Zeit für die Kinder. Schon am Morgen treffen sich die Freunde. An schönen Tagen spielen sie draußen auf den Wiesen zwischen den Haselnuss- und Wacholdersträuchern Theater.

Im Sommer 1922 ist für Astrid alles anders geworden. Astrid ist fünfzehn. Sie sitzt allein auf der Rinderkoppel im Schatten einer Heckenrose. Sie merkt, dass sie sich verändert hat. Ihre Unbeschwertheit ist verschwunden. Sie ist unsicher geworden. Und sie ist traurig. „Ich kann nicht mehr spielen", flüstert sie. „Ich habe verlernt, wie das ist, wenn man spielt." Astrid merkt, dass sie erwachsen wird. Aber auch die Welt um sie herum ist im Aufbruch. In der Kleinstadt Vimmerby gibt es die ersten Autos. Auf dem Bauernhof der Eltern ist elektrisches Licht installiert worden. Für die Bauern bedeutet das alles eine große Arbeitserleichterung, aber Astrid kann sich darüber nicht freuen. Sie will, dass alles so bleibt, wie es war. Sie liebt die Welt ihrer Kindheit, die Stuben mit den Petroleumlampen, den großen Holzherd in der Küche, die Feldarbeit mit den Pferden. Hier fühlt sie sich geborgen. Astrid will nicht erwachsen werden. Wenn sie könnte, würde sie die Zeit anhalten.

Obwohl Astrid aus einer einfachen Familie stammt - „wir sind nur ungehobeltes Bauernvolk", sagt der Vater oft lachend - darf sie die Höhere Schule besuchen. Die Schule kostet viel Geld. „Wenn Astrid will, dass der Vater so viel für ihre Ausbildung bezahlt, wird sie auch lernen", sagt die Mutter. Dass die Tochter tatsächlich gut lernt, ist für die Familie so selbstverständlich, dass niemand über die guten Noten spricht.

Astrid hat keine Ahnung, was sie einmal werden will. Sie schreibt sehr gute Aufsätze und zeigt eine große sprachliche Begabung. „Du schreibst wunderbare Geschichten. Du solltest Dichterin werden", sagen ihre Lehrer. Bald wird sie in der Schule scherzhaft und doch anerkennend „Vimmerbys Selma Lagerlöf" genannt, nach jener schwedischen Dichterin, die die Geschichten von „Nils Holgersson" geschrieben hat. So etwas macht Astrid zornig. Und sie beschließt, was sie später nicht werden will: Dichterin. Überhaupt wird sie in ihrem ganzen Leben kein einziges Buch schreiben, das steht für sie fest.

Es vergehen wirklich viele Jahre, bis Astrid ihr erstes Buch schreiben wird. Sie hat mittlerweile Sture Lindgren geheiratet und ist Mutter zweier Kinder. Als im Jahr 1941 ihre Tochter Karin ernsthaft krank wird, erzählt sie ihr Geschichten. Von einem rothaarigen Mädchen, das sein Leben so lebt, wie es ihm gefällt. In der Villa Kunterbunt wohnt es mit einem Affen, sein Pferd steht auf der Veranda. Es besitzt eine Kiste mit Goldstücken und verfügt über Riesenkräfte. Sein Name ist Pippi Langstrumpf, und die kleine Karin liebt es. Erst im Jahr 1944 beginnt Astrid Lindgren die Geschichten auch aufzuschreiben. Sie sollen zu Karins zehntem Geburtstag fertig sein. Nun beschließt Astrid, doch ein Manuskript an einen Kinderbuchverlag zu schicken. Die Absage folgt prompt. Die Geschichten von Pippi Langstrumpf sind war „originell und humorvoll", schreibt der Verleger, „aber leider ..." Pippi Langstrumpf ist ihm zu frech. Ein ungezogenes Kind, das sämtliche Regeln missachtet, so findet er, darf man schwedi-schen Kindern nicht als Vorbild geben.

Astrid Lindgren hat diese Absage erwartet. Aber nun hat sie „Blut geleckt", wie sie später erzählt. Jetzt findet sie es „herrlich, zu schreiben". Noch im selben Jahr kommt ihr erstes Kinderbuch heraus. Es ist die Geschichte von „Britt-Mari", und sie hat dafür ihre Kinderfreundin Madicken zum Vorbild genommen. Astrid Lindgren ist nun 37 Jahre alt, und jetzt ist sie doch Autorin geworden. Ein Jahr später erscheint nun auch Pippi Langstrumpf als Buch. Die Reaktionen sind gespalten. Ein Teil der Kritiker ist begeistert, die anderen schreiben bitterböse Artikel in den Zeitungen mit Überschriften, wie: „Ein schlechtes Beispiel für Kinder!" Astrid Lindgren antwortet in einem Interview, dass Erwachsene ihre Kinder einfach lieb haben sollten, anstatt sie ständig erziehen zu wollen.

An die Aufregung, die ihre Bücher verursachen, muss sie sich gewöhnen. Fast jedes ihrer vielen Kinderbücher hat bei seinem Erscheinen die Kritiker herausgefordert. Das eine war zu aufmüpfig, das andere zu konservativ, zu aggressiv oder zu grausam. Astrid Lindgrens Welterfolg als Kinderbuchautorin haben all diese Kritiker nicht aufhalten können. Denn diejenigen, auf die es wirklich ankam, haben Astrids Bücher immer geliebt und geschätzt: die Kinder. Sie schreiben der Autorin begeisterte Leserbriefe: „Astrid, ich muss dich lieben! Ich habe viele Bücher gelesen, aber gegen deine kommen keine anderen an." Oder: „Es ist so schwer, es in Worten auszudrücken, aber alles ist so wunderbar, grausam und schön...."

Beim Schreiben taucht Astrid Lindgren wieder in ihre Kindheit ein, erinnert sich an ihre Freunde, die Familie, an all die Freude und die Sorgen, die sie als Kind gehabt hat. In einem ihrer berühmtesten Bücher, „Die Kinder von Bullerbü", beschreibt sie in Wahrheit das Leben in ihrem Heimatdorf Näs. Als die begeisterten Kinder wissen wollen, ob es Bullerbü gibt und wo es denn liege, antwortet Astrid Lindgren: „In Wirklichkeit sieht alles ein wenig anders aus. Das meiste existiert nur noch in meiner Erinnerung. Aber meine Kindheit trage ich in mir wie etwas Unzerbrechliches in der Seele, so lange ich lebe."

Astrid Lindgrens Bücher sind in viele Sprachen übersetzt worden. Sie hat Drehbücher für Film und Fernsehen geschrieben. Aus dem Buch „Mio, mein Mio" ist sogar eine Oper geworden, die 1972 an der Hamburger Staatsoper uraufgeführt wurde. Astrid hat unzählige Auszeichnungen und Ehrungen bekommen. Die Kinderbuchautorin nützt ihre Berühmtheit für Themen, die ihr wichtig sind.

Sie setzt sich nicht nur für Kinder ein, sondern auch für Tier- und Naturschutz. Und sie ist eine der engagiertesten Kämpferinnen gegen die Atomkraft und für den Frieden. Am 14. November 1997 ist sie neunzig Jahre alt geworden. Menschen aus aller Welt sandten Geburtstagswünsche in das kleine rote Haus in Näs.

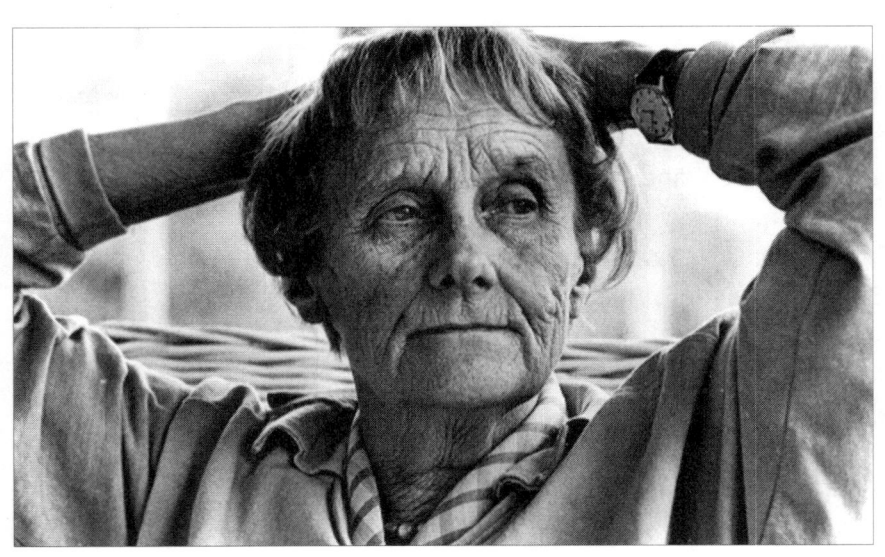

Jujja und Tomas Wieslander

Mama Muh und die Krähe

Flatter, flatter, flatter.
Die Krähe kam angeflattert.
Mama Muh öffnete das Fenster:
„Hallo, Krähe", sagte sie. „Da bist du ja!"
„Ha-ha-hallo, Mama Muh", sagte die Krähe. Sie zitterte ein bisschen.
„Friert dich, Krähe?"
„Nei-ei-ein, Mama Muh."
„Es ist wirklich ein ekelhafter dunkler, windiger Tag", sagte Mama Muh.
Die Krähe krümmte sich zusammen und umschlang sich mit ihren Flügeln.
„Pfui, wirklich ekelhaft grau", sagte Mama Muh.
Die Krähe hörte auf zu zittern. Sie reckte sich und stemmte die Flügel in die Seite.
„Wieso pfui?", sagte sie. „Wieso ekelhaft grau? Grau ist schön!"
„Aber muh, so hab ich's doch nicht gemeint", sagte Mama Muh.
„Ich bin grau", sagte die Krähe mit hochgerecktem Schnabel. „Und ich bin froh, dass ich grau bin."
„Muh", sagte Mama Muh. „Du weißt, was ich gemeint habe."
Die Krähe betrachtete ihre Flügel und drehte sich nach ihren Schwanzfedern um. Sie musterte ihren Schnabel mit schielenden Augen. Sie versuchte, ihren Nacken zu mustern.
„Ein bisschen schwarz bin ich ja auch. Aber am meisten bin ich grau", sagte sie, hob die Flügel und schwebte ein bisschen herum, damit Mama Muh sah, wie grau sie war.
„Ich sehe", sagte Mama Muh. „Aber du bist doch immer grau, oder?"
„Klar, ich bin immer grau. Aber ich denk nicht immer dran, wie hübsch das ist. Heute denk ich daran", sagte die Krähe und schwebte noch ein paar Runden.
Dann fiel ihr etwas ein. Sie war richtig froh.
„Du, Mama Muh", sagte sie, „hast du eigentlich schon mal daran gedacht? Der Stall ist rot, nicht? Und das Wasser ist blau, nicht? Du, Mama Muh …"
„Was willst du sagen?", fragte Mama Muh.
„Rot ist eben rot. Und blau ist eben blau. Aber grau! So grau wie die Farbe gibt es keine andere."
Da hatte sie so was Gutes gesagt, fand die Krähe, dass sie es gleich noch einmal sagte:
„So grau wie die Farbe Grau gibt es keine andere."
Da kamen die Kinder:

Die Krähe und Mama Muh hörten ihre fröhlichen Stimmen schon von weitem. Die Krähe stürzte sich ins Heu hinunter. Sie flüsterte:
„Zieh die Nase ein, Kuh. Steh nicht am Fenster rum und glotze! Die können dich doch sehen."
„Aber muh, Krähe", sage Mama Muh mit ganz normaler Stimme. „Das macht doch nichts, wenn sie mich sehen. Eine Kuh, die in ihrem Stall steht, ist doch nichts Besonderes."
Die Krähe atmete auf.
„Ach nee, klar", flüsterte sie. „Mich dürfen sie aber nicht sehen. Was für ein Glück., dass ich mich versteckt hab."
„Muh", sagte Mama Muh. „Was für ein Glück."
Die Krähe konnte nicht sehen, was die Kinder taten, und sie konnte auch nicht hören, was sie sagten.
Aber Mama Muh konnte es.
„Was machen sie?", flüsterte die Krähe.
„Sie gucken sich den Stall an", sagte Mama Muh, „und sie sagen, er sieht schön aus."
„Ja, ja. Aber blau ist eben blau. Was machen sie jetzt?!"
„Sie gucken zum Himmel hinauf und …"
Die Krähe stand auf.
„Grau, haben sie gesagt", sagte sie mit ganz normaler Stimme. „Ich hab's gehört. Was haben sie sonst noch gesagt?"
„Och", sagte Mama Muh langsam, „nichts Besonderes."
„Doch!", sagte die Krähe sehr laut. Sie flog hinauf auf die Fensterbank. „Sie haben etwas gesagt. Irgendwas über Grau. Ich hab's gehört. Ich bin grau. Und sie haben was über Grau gesagt. Deswegen will ich wissen, was sie gesagt haben."
„Muh, Krähe", sagte Mama Muh langsam und guckte weg. „Wir wollen über was anderes reden."
„Nein!", rief die Krähe. Sie hüpfte auf der Stelle. „Wir reden über gar nichts anderes als Grau. Sag, was sie gesagt haben!"
„Muh", sagte Mama Muh. „Sie haben gesagt …" Sie verstummte.
„Sag es!", schrie die Krähe und trommelte gegen das Fenster.
Mama Muh seufzte.
„Grau ist eigentlich keine Farbe, haben sie gesagt."
Die Krähe fiel rückwärts geradewegs ins Heu hinunter. Eine Weile lag sie still da. Dann drehte sie sich um, und ihr Schnabel tauchte im Heu auf. Dann lag sie wieder still da.
„Ist Grau keine Farbe?", fragte sie leise aus dem Heu. Mama Muh konnte fast nicht verstehen, was sie sagte.

„Muh", sagte sie, „Grau ist die Farbe, die entsteht, wenn man alle Farben zusammenrührt."
„Zusammenrührt?", fragte die Krähe sehr leise.
„Ja", sagte Mama Muh, „wenn man alle Farben vermischt, entsteht ein Mischmasch. Und das ist Grau."
„Das haben sie gesagt?", fragte die Krähe. Sie ließ Schnabel und Flügel hängen.
„Muh, das haben sie gesagt", sagte Mama Muh.
„Aber ..."
Die Krähe drehten den Kopf und betrachtete sich.
„Ich bin grau", sagte sie langsam. „Hier ..." Sie zeigte.
„Das ist sehr hübsch", sagte Mama Muh. „Ich bin richtig froh, dass ich jemanden kenne, der grau ist."
„Und hier ...", sagte die Krähe. Sie drehte sich herum und zeigte weiter.
„Wie hübsch!", sagte Mama Muh.
„Und hier und hier und hier und fast überall!", rief die Krähe. „Ich bin grau!"
„Du bist hübsch", sagte Mama Muh.
„Das sagst du!", rief die Krähe. „Du bist ja auch braun. Braun, das ist eine Farbe. Und Rot und Blau und was nicht alles. Aber ich bin grau!"
Sie legte sich wieder hin. Sie sank in sich zusammen. Es sah aus, als ob ein Haufen grauer Federn im Heu läge. Die Stalllampe warf ihr Licht darauf, aber die Federn glänzten nicht.
„Grau", sagte die Krähe langsam, „ist das keine Farbe?"
Diesmal konnte Mama Muh sie nicht trösten.
„Ich bin grau", sagte die Krähe, „ich bin grau, grau - so grau, dass ich weinen muss."
Der kleine Haufen Federn bebte. Das Heu wurde nass. Die Krähe weinte.

Sie hatte ziemlich lange geweint, da kamen die Kinder zurück. Sie riefen und lachten unter dem Fenster.
„Gelb, igitt, wie hässlich!", riefen sie.
„Hast du gehört, was die Kinder rufen, Krähe?", fragte Mama Muh.
„Ja", sagte die Krähe so schwach, dass Mama Muh sie fast nicht verstehen konnte. „Gelb ist hässlich."
Jetzt riefen die Kinder etwas anderes. Als Mama Muh es hörte, freute sie sich so sehr, dass sie mit dem Schwanz wedelte.
„Hast du gehört, was sie rufen, Krähe?"
„Ja", sagte die Krähe langsam, „wer Rot trägt, ist doof."
Die Kinder riefen wieder.
„Und jetzt, Krähe", sagte Mama Muh, „hast du das gehört?"

„Ja", sagte die Krähe leise, „wer Blau trägt, ist schlau."
„Nicht blau, Krähe! Sie rufen nicht Blau."
Die Krähe hob ein wenig den Kopf und lauschte. Sie sah erstaunt aus, als sie hörte, was die Kinder riefen.
„Grau ...?", sagte sie leise.
„Ja, Krähe!", rief Mama Muh.
„Grau ... schlau", sagte die Krähe und richtete sich auf. „Grau macht schlau." Sie spuckte ein paar Heuhalme aus. „Schlau also. Toll! Grau also. Wie ich. Die Farbe, die ich trage, fast überall."
Sie stand auf. Sie streckte sich und wischte sich das Heu aus den Federn.
„Grau macht also schlau", sagte sie. Sie stieß das Heu mit dem Fuß beiseite und klatschte in die Flügel.
„Hab ich das nicht immer gesagt? Rot ist bloß rot, und Blau ist nur blau. Aber Grau! Das ist die graueste Farbe, die es gibt."

Die Kuh Mama Muh gewinnt durch ihren Witz und ihre naive Weitsichtigkeit alle Herzen. In dieser Episode macht sie ihrer Freundin, der Krähe, deutlich, dass das Grau ihres Gefieders etwas ganz Besonderes ist, weil darin alle Farben enthalten sind.

SPANIEN

KÖNIGREICH SPANIEN
Reino de España

Fläche: 504 782 km²
Einwohner: 39,2 Mill.
Hauptstadt: Madrid
Religionen: 97% Katholiken, 3% andere, darunter Protestanten und Muslime
Amtssprache: Spanisch/Kastilisch; außerdem werden Katalanisch, Baskisch und Gallego (eine dem Portugiesischen verwandte Sprache) gesprochen
Nationalfeiertag: 12. Oktober - „Dia de la Hispanidad", an dem der Entdeckung Amerikas durch Kolumbus gedacht wird.
Währung: Peseta
Lage: zwischen 36° und 43°47' n. Br. sowie 4°19' ö. L. und 9°19' w. L.
Zeitzone: Mitteleuropäische Zeit

Geschichte

um 1100 v. Chr.: Gründung der ersten Handelsniederlassungen der Phönizier an der iberischen Küste. Später errichteten die Griechen und ab 600 v. Chr. die Karthager weitere Küstenstädte, die sich bald zu wichtigen Handelszentren entwickelten.

um 400 n. Chr.: Mit der Zeit der Völkerwanderungen endete die Herrschaft der Römer. Vandalen, Sueben und Alanen besiedelten das Gebiet.

507: Die seit 415 eindringenden Westgoten machten Toledo zur Hauptstadt ihres Reiches.

711: Muslimische Araber fielen auf der iberischen Halbinsel ein und besiegten die Westgoten unter Roderich. Bis 714 war die Halbinsel in arabischer Hand und unterstand dem Kalifen von Damaskus.

722: Beginn der Reconquista, der Rückeroberung der Halbinsel durch die Christen.

1479: Mit der Heirat von Ferdinand V. von Aragonien und Isabella von Kastilien wurden die beiden ehemals rivalisierenden Reiche vereinigt.

1492: Die Einnahme Granadas beendete die Reconquista. Die Vertreibung der Araber und der Juden setzte ein. Die Entdeckung Amerikas durch Christoph Kolumbus leitete die weltweite Vormachtstellung Spaniens während der nächsten zwei Jahrhunderte ein.

1580: Spanien eroberte Portugal und wurde durch Übernahme der portugiesischen Kolonien zur größten Kolonialmacht der Welt.

1640: Portugal erlangte seine Unabhängigkeit vom Königreich Kastilien.

1648: Entlassung der Niederlande in die Selbständigkeit.

1700: Der spanische Thron ging an das französische Haus Bourbon über.

1810-1825: Die meisten der amerikanischen Kolonien Spaniens wurden unabhängig.

1873: Die Nationalversammlung proklamierte die Erste Republik.

1898: Im Spanisch-Amerikanischen Krieg verlor Spanien Kuba und Puerto-Rico sowie die Philippinen.

1914 - 1918: Während des 1. Weltkrieges blieb Spanien neutral.

1923: Errichtung einer Militärdiktatur unter General Primo de Rivera.

1931: König Alfons XIII. verließ das Land, nachdem den Republikanern bei den Gemeindewahlen ein entscheidender Sieg gelungen war.

1936: Die Ermordung des Oppositionsführers Calvo Sotelo war Auslöser für einen Militärputsch. Während des folgenden Bürgerkrieges wurde General Francisco Franco y Bahamonde zum Führer der nationalspanischen Gegenregierung ernannt.

1939: Der Sieg der rechten Aufständischen beendete den Bürgerkrieg. Die Regierung Francos (1939 - 1975) wurde von einigen Staaten anerkannt.

1939 - 1945: Im 2. Weltkrieg blieb Spanien ebenfalls neutral.

1947: Ein Volksentscheid gab Franco das Recht, in dem zur Monarchie erklärten Land seinen Nachfolger selbst zu bestimmen.

1955: Beitritt zur UNO.

1959: Bildung der baskischen terroristischen Untergrundorganisation ETA (Euzkadi ta Azkatasuna; „Baskenland und Freiheit").

1975: Nach dem Tod Francos wurde Juan Carlos I. de Borbón y Borbón zum König erklärt.

Die Sprachen Baskisch, Katalanisch und Galicisch wurden neben Kastilisch als Staatssprachen anerkannt.

1977: Die ersten freien Parlamentswahlen seit 1936 wurden abgehalten.

1981: Ein Putschversuch der Rechtsextremen scheiterte.

1982: Beitritt zur NATO.

1986: Mitglied der EU.

1994: Die Regierung versuchte mit Aussicht auf Hafterleichterung die Aktivisten der ETA zum Gewaltverzicht zu bewegen. Der baskische Politiker Gregorio Ordóñez fiel im Januar einem Mordanschlag zum Opfer.

1995: Bei den Parlamentswahlen wurde der Partido Popular stärkste Kraft. Sein Vorsitzender, José María Aznar, löste Felipe González im Amt des Ministerpräsidenten ab.

POLITIK

Nach der Verfassung von 1978 ist Spanien eine parlamentarische Erbmonarchie. Der König ist Staatsoberhaupt und Oberbefehlshaber der Armee. Das Parlament (Cortes) besteht aus 2 Kammern: Abgeordnetenhaus und Senat. Der Ministerpräsident wird vom König ernannt, sobald ihm das Abgeordnetenhaus das Vertrauen ausgesprochen hat. Der 23köpfige Staatsrat ist ein konsulta-

tives Gremium. Spanien verfügt über 17 autonome Regionen mit eigenen Regionalregierungen.
Älteste Partei im spanischen Parteiensystem ist die 1879 gegründete Sozialistische Arbeiterpartei (Partido Socialista Obrero Español, PSOE). Sie ist sozialdemokratisch orientiert. Wichtigste Gruppierung des konservativen Lagers ist die Volkspartei (Partido Popular). Die Kommunistische Partei (Partido Comunista de España, PCE) bildet mit anderen Parteien die Vereinigte Linke (Izquierda Unida, IU). Regionalistische Parteien sind die Baskische Nationalpartei (Partido Nacionalista Vasco, PNV) sowie die katalanische Partei Convergència i Unió („Konvergenz und Union").

KULINARISCHES

Spanien ist ein ideales Ferienland: viel Sonne, lange Strände, fröhliche und stolze Menschen und Köstliches zum Schmausen. Aber Spanien hat mehr als Meer: tiefe Wälder und wüstenartige Landstriche wechseln einander ab. Madrid, die quirlige Hauptstadt des Landes, ist die höchst gelegene in Europa. Es ist eine aufregende und sehr vielseitige Stadt. Egal von wo wir als Fremde kommen und gleichgültig wofür wir uns interessieren - Madrid enttäuscht seine Gäste nicht. Selten ist es mit einem Besuch getan.
So geht es den Reisenden in allen Regionen und Städten des Landes. Überall werden *fiestas* (Feste) gefeiert. Oft in Verbindung mit einem Stierkampf. Er teilt Spanier wie Gäste in zwei Lager: Tierquälerei oder Beweis für Mut? Der Stier hat jedenfalls keine Chance.
Der Flamenco - ein Tanz voll Temperament und Grazie - findet die ungeteilte Zustimmung aller.

Auch wenn wir im Urlaub sind und ein wenig länger schlafen, den Tagesablauf der Spanier müssen wir erst „erlernen": Nach dem Mittagessen - oder sollen wir sagen: nach dem Nachmittagsessen? - um etwa 14^h oder später halten die Spanier ihre *siesta*. Die Bezeichnung für dieses Schläfchen hat sich auf der ganzen Welt verbreitet, und fast jeder weiß, was damit gemeint ist. Zur Hauptmahlzeit schreitet man um etwa 22^h, um vielleicht kurz vor Mitternacht fertig zu werden. Denn zum Essen gehört ein ausführliches Gespräch, das auch zu einer heftigen Diskussion führen kann.
Für den kleinen Hunger zwischendurch ist jedenfalls auch gesorgt. An jeder Ecke gibt es eine Stehkneipe - eine *tasca* - wo kleinen Happen, die *tapas*, angeboten werden. Am liebsten hätten wir nur von *tapas* gelebt! Die Spanier selbst sagen: „Ein Tag ohne *tapas* und Gitarren ist ein verlorener Tag."

Die *paella* ist zwar weit über die Grenzen von Spanien bekannt, doch wohl zu aufwändig, um sie nachzukochen. Für die *paella* braucht man eine große eiserne Pfanne, Safran und Reis. Dazu kommen Muscheln, Huhn, Kaninchen, Wurst, Bohnen, Paprika, Tomaten, Garnelen, Tintenfisch, Knoblauch und und und ...

Wir haben dir zwei andere Spezialitäten anzubieten:

GAZPACHO
wird eisgekühlt gelöffelt, ist halb Suppe und halb Salat. Gazpacho ist eine Kaltschale aus Andalusien. Wer allerdings gegen Knoblauch allergisch ist, kann gleich zum nächsten Rezept übergehen!

Für einen gazpacho und vier Esser im Hochsommer brauchst du:
6 mittelgroße Tomaten, geschält und zerhackt,
2 mittelgroße Gurken, geschält, von den Samen befreit und gewürfelt,
1 Zwiebel, fein gehackt,
je 1 rote und grüne Paprikaschote, fein gewürfelt,
8 Zehen Knoblauch, fein gehackt,
4 Esslöffel Olivenöl,
3 Esslöffel milden Essig,
1/4 l Tomatensaft (aus der Dose),
Salz, Pfeffer,
ev. Pfefferonistückchen.
Gehackte reife Oliven, Petersilgrün und getoastete Weißbrotwürfel dürfen auch dabei sein.

So wird ein gazpacho mindestens zwei Stunden vorher zubereitet:
In einer großen Schüssel mische die Tomaten, die Gurken und den Knoblauch. Nun rühre Olivenöl, Essig, Salz, Pfeffer, Tomatensaft und ev. Pfefferonistückchen hinein. Gut abgedeckt kommt diese Schüssel in den Kühlschrank. Die Kaltschale wird natürlich eiskalt serviert (manchmal mit einem Eiswürfel in der Mitte), mit Petersilie und eventuell mit Oliven und Weißbrot bestreut.

HONIGÄPFEL
sind eine köstliche und einfache Nachspeise:

Du brauchst für jeden Esser einen Apfel (ganz, doch vom Kerngehäuse befreit) gehackte Feigen, blanchierte und gehackte Mandeln, Honig und Butter, Wasser.

Beginne einige Stunden vor dem Servieren:
In einer Pfanne erwärme Honig, Butter und etwas Wasser. Fülle den Apfel mit einer Mischung aus Feigen und Mandeln, setze ihn in die Flüssigkeit und schiebe ihn ins heiße Backrohr. Während des Backens immer wieder mit der Flüssigkeit begießen. Den Apfel nicht zu weich werden lassen!
Der fertige Apfel soll auskühlen, bevor er in den Kühlschrank kommt. Erst kurz vor dem Essen auf ein Tellerchen setzen und servieren.

PABLO MALT GEGEN DEN KRIEG

Das Gemälde ist fast acht Meter breit und dreieinhalb Meter hoch. Also ein schönes Stück größer als ein Fußballtor. Das Bild ist voll von Figuren und Symbolen. Es zeigt ein Gemetzel. Ein vor Schmerzen schreiendes, sterbendes Pferd ist da zu sehen, eine verzweifelte Frau, die ihr totes Kind in den Armen hält. Aus einem Gebäude in Flammen fällt eine brennende Frau, eine andere flieht in Panik. Am Boden liegt die zerbrochene Statue eines Kriegers. Merkwürdigerweise wächst aus seiner Hand, die ein Schwert umklammert hält, eine Blume. Über dem allen steht im Hintergrund der mächtige Kopf eines Stieres, der über die schreckliche Verwüstung aus dem Bild hinausschaut. Groß ist auch das Gesicht einer Frau, die aus dem Fenster eines Hauses eine Laterne ins Bild hält. Die ganze riesige Szene des Grauens scheint in tiefer Nacht zu liegen, denn der Hintergrund zwischen den Figuren ist schwarz gemalt. Nur von oben wirft eine nackte Glühbirne Licht auf das Chaos. Mittendrin ist auch ein kleiner Vogel zu sehen, der sich in den Himmel schwingt.

Es ist also kein „schönes" Bild, dieses Riesengemälde. Und es ist auch nicht naturalistisch gemalt, das heißt, den Formen der Natur entsprechend. Alle Figuren sind in einem einerseits sehr einfachen Stil, andererseits in brutaler Verzerrung dargestellt. Dieses Bild, das nur schwarz-weiß ist und in dem sonst keine Farben vorkommen, ist wahrscheinlich das bedeutendste Gemälde des zwanzigsten Jahrhunderts. Es wurde von Pablo Picasso 1937 gemalt, und es heißt „Guernica".

Guernica ist der Name einer spanischen Stadt. Weil es dort eine heilige Eiche gab, war Guernica das Zentrum des baskischen Volkes, das in Spanien lebt. Pablo Picasso war aber kein Baske, er war Andalusier. In Spanien gibt es nämlich, wie in anderen Ländern auch, viele verschiedene Volksgruppen.

1937 herrschte in Spanien Bürgerkrieg. Der hatte im Juli 1936 damit begonnen, dass aufständische Militärs unter Führung des Generals Franco von Spanisch Marokko aus die Republik Spanien angegriffen hatten, um eine faschistische Diktatur zu errichten. Das republikanische Spanien hat bis 1939 mit internationaler Hilfe dagegen gekämpft, aber letztlich verloren. Auch Franco und seine Faschisten bekamen ausländische Unterstützung. Erstens aus dem damals schon faschistischen Italien und selbstverständlich auch aus Hitler-Deutschland. Aus Deutschland kam vor allem eine „freiwillige" Luftarmee, die so genannte Legion Condor. Deutschland ging es hauptsächlich darum, seine neu und modern aufgebaute Luftwaffe in einem wirklichen Krieg auszuprobieren.

Am 26. April 1937 hatten sich die Kommandierenden und Piloten der Legion Condor die Stadt Guernica als Bombenziel ausgesucht. Guernica lag damals weit entfernt von der Front und war für die Kampfhandlungen völlig unbedeutend. Aber man wollte sehen, wie ein großer Luftangriff in geschlossenen Verbänden auf eine Stadt funktionierte. Bis zu diesem Tag hatte es nämlich eine militärische Operation dieser Größe nicht gegeben. Als am hellen Vormittag die ersten Bombergeschwader über der ahnungslosen Stadt Guernica auftauchten, konnte niemand in der Bevölkerung ahnen, was auf sie zukam. Wehrlos waren Zivilisten, Frauen und Kinder dem Bombenhagel ausgeliefert. Es gab ja keine Luftabwehr, keine Schutzkeller, keine entsprechenden Vorbereitungen auf so einen Angriff. Dreieinhalb Stunden lang überflogen die deutschen Maschinen immer wieder die Stadt und warfen viele tausende Spreng- und Brandbomben ab. Menschen, die aus der Stadt hinaus auf die Felder flüchteten, wurden von Tiefliegern aus mit Maschinengewehren erschossen. Am nächsten Tag meldeten die Zeitungen in aller Welt, dass die spanische Stadt Guernica ein brennendes Trümmerfeld war, das in Schutt und Asche lag. Die Straßen waren von Leichen übersät. Ein Aufschrei der Entrüstung ging um die ganze Welt.

Fünf Tage später beginnt in Paris der Maler Pablo Picasso mit einem monumentalen Gemälde für den Spanien-Pavillon der Pariser Weltausstellung. Den Auftrag dazu hat er schon seit Jänner, aber entweder noch keine richtige Idee oder auch keine Lust zum Arbeiten gehabt. Ab diesem Tag aber malt er wie ein Besessener. Und das riesige Bild, das den Namen der Stadt Guernica bekommt, ist die Antwort des Malers auf diese damals noch neue Art des Vernichtungskriegs. Picasso hat die Figuren und die Symbole in diesem Bild nie wirklich erklärt. Und doch ist darüber eine ganzen Bibliothek geschrieben worden. Sicher ist, dass das sterbende Pferd das Volk von Spanien symbolisiert. Der kleine Vogel ist offensichtlich dessen Seele, die zum Himmel aufsteigt. Die zerbrochene Kriegerstatue kann so verstanden werden: in dieser Art des Krieges werden selbst Kriegerdenkmale vergangener Kriege zu sinnlosem Schrott. Dagegen steht das Blümchen, aus der Schwerthand gewachsen, als winziges Symbol der Hoffnung. Der mächtige Stier schaut aus dem Bild heraus, während alle anderen im Bild auf den Stier schauen. Der Stier, sagte Picasso einmal, ist ein Symbol von Kraft und Macht. Aber hier meinte der Künstler doch, dass es die Kraft Spaniens sei, die aus dem Bild heraus nach Verständnis und Hilfe ausschaut. Die Frau mit der Laterne aber ist das Symbol der Wahrheit, einer Wahrheit, die selbst das

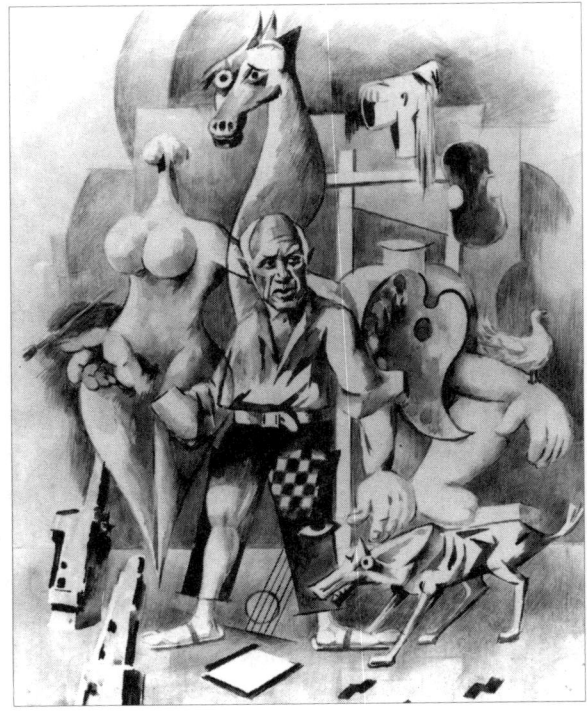

schrecklichste Grauen des Krieges nicht auslöschen kann. Und dass Picasso das Bild nur schwarz-weiß gemalt hat, wird so gedeutet, dass Zeitungsberichte eben schwarz auf weiß gedruckt werden.
Denn damals waren freie Zeitungen noch die wichtigste Waffe im Kampf gegen Unterdrückung und Diktatur.
Mit dem Bild „Guernica" wurde Pablo Picasso ein politischer Maler. Und darüber hinaus zum wichtigsten Künstler der Welt.
Er konnte allerdings nicht ahnen, wie prophetisch sein gemalter Wutschrei gegen diesen ersten schweren Luftangriff auf eine Stadt war. Die Bombardierung von Guernica geschah so zu sagen am Vorabend des Zweiten Weltkriegs. Rotterdam, Coventry, London, Hamburg, Köln, Berlin, Dresden, Hiroshima und Nagasaki sind zu Begriffen geworden, die den Schrecken von Guernica noch vielfach übertrafen.

Das Bild „Guernica" war viele Jahre lang im Museum of Modern Art in New York zu sehen. Pablo Picasso hat das damals schon sehr kostbare Gemälde Spanien geschenkt. Aber nicht der faschistischen Diktatur. Er hat also verfügt, dass das Bild erst dann nach Spanien gebracht werden dürfe, wenn das Land wieder frei und demokratisch geworden sei. Erst 1981, zu Picassos hundertstem Geburtstag, wurde es in den Prado, das berühmte Museum in Madrid, gebracht. Dort ist es auch heute zu sehen. Als ewiges Mahnmal gegen den Wahnsinn des Krieges.

Jesús Fernández Santos

Der Schneefisch

Das Schulbuch, das drinnen im kalten Wohnzimmer des kleinen Wärterhauses auf dem Tisch mit dem karierten Wachstuch lag, sagte, dass Bären sich nur von Beeren, Früchten und den Wurzeln wild wachsender Pflanzen nährten. Aber dieses Buch, erst vor kurzem zu Beginn des neuen Schuljahres gekauft, mochte sich irren, soviel es wollte: Da wegen der Kälte die Schulen geschlossen hatten, blieben seine Seiten an jenem Tag ungelesen, unaufgeschlagen, aneinander gepresst wie die Ahornblätter unter der Schneedecke.
Und der Junge selbst konnte den ganzen Tag draußen bleiben und durch den Park streifen.

Am Vormittag hatte er schon an der breiten Autostraße zugesehen, wie die Wagen schlitterten und wie diejenigen, die später an den Rallyes teilnahmen, ihre Spikes ausprobierten. Die Fahrer gaben Gas, erreichten eine gewisse Geschwindigkeit, und wenn sie an die Verkehrsinsel kamen, traten sie auf die Bremse und versuchten dabei, den Wagen genau um eine halbe Drehung herumzureißen und ihn so in die entgegengesetzte Richtung zu bringen. Ein Spiel, das zuerst ganz spannend, aber auf die Dauer langweilig war. Ein Spiel für Erwachsene.

Es war am Nachmittag, als es im Park schon grau wurde und die schwarzen Stämme der Weiden zwischen den verschneiten Blumenbeeten sich noch schwärzer färbten, da beschloss der Junge, zum Teich zu gehen, der jetzt eine dunkle Fläche war, glatt, fest wie eine riesige Marmorplatte. Das Buch behauptete, dass es unter dem Eis kaum Leben gäbe, aber das Buch lag zugeklappt im Haus. Er zählte die Stundenschläge, die von der Uhr außerhalb des Parks über den Schnee auf dem Bäumen herüberklangen, und obwohl es schon spät war, machte er sich auf den Weg zum Bootsplatz.

Unter der großen Terrasse, von der aus im Sommer die auf dem Teich fahrenden Boote überwacht wurden, war ein Raum, wo der Wärter die Angelgeräte verwahrte, die er bei seinen Sonntagsausflügen mitnahm. Auf dem Boden lagen noch die Aschenreste von dem Reisigfeuer, das er sich am Morgen angezündet hatte, als er darangegangen war, den Motor des großen, festgefrorenen Kinderbootes nachzusehen. Aber jetzt lag der kalte Raum verlassen da und ebenso die zementierte Terrasse mit der großen Uhr. An der einen Ecke, unter den weichen Strähnen der Weiden, seufzte, knurrte und grunzte der Abfluss des Teiches jedes Mal, wenn ein Eisstück in seiner Öffnung hängen blieb, die mit Eisenstäben vergittert war wie der Bärenkäfig. Der Junge wartete, bis die Öffnung sauber war, und dann, als im Park schon das stumpfe Blau der Lichter aufleuchtete, befestigte er sorgfältig das Netz im Wasser, ohne weiter auf das dumpfe Murmeln des strömenden Wassers zu achten.

Am nächsten Tag kam er zeitig, noch vor dem Bootswärter, wieder und zog unter großer Mühe das Netz aus dem Wasser, das bis an den Rand gefüllt war mit Blättern und Stöcken, winzigen Eisklümpchen und Überresten von Insekten, die zwischen Schlamm und nassem Sand steckten. Und ganz unten, zwischen Moder und Lehm, tauchte ein kleiner, leuchtender Fleck auf, ein weißer Fisch, nicht größer als eine Münze, mit silbrig glänzenden Schuppen. Er tat ihn in einen Plastikbeutel, den er mit sauberem Wasser füllte, und später, bei sich zu Hause, in ein großes Glas, das er auf das Brett am Kopfende seines Bettes stellte.

Es war ein Fisch, der bei Tag kaum zu sehen war, ein regungsloser Schatten nur, winzig, auf dem Boden des Glases. Aber wenn es Nacht wurde und in den Fenstern der Abend verlosch, begann er zu leuchten wie die letzten Strahlen im Park. Wie das Licht jener hohen Sterne, die der kalte Nordwind am Himmel erzittern ließ, so schimmerte sein Licht, heller und immer heller, auf dem Boden des Glases. Es war ein strahlendes Licht, ungetrübt, schattenlos wie das Licht der Sterne in dem klarsten Winternächten oder wie das Licht des Schnees an bedeckten Tagen.

Wenn draußen, hinter den Fensterscheiben, vom Park nur noch die großen dunklen Flecke der Blumenbeete und die Kiefern zu sehen waren, dann wurden die Wände der kleinen Schlafkammer unsichtbar, durchsichtig und verwandelten sich. Auf dem Putz erschienen unbekannte Landschaften, Städte mit vielen grauen Dächern und steilen Glockentürmen, Herden von Tieren mit dunklem Fell und seidigen Mähnen. Länder, die der Junge nie gesehen hatte, graue Eisberge, Bäume, die ihre Zweige durch den Nebel in den Himmel reckten, Moosflechten und Gletscher. Und wenn der Morgen graute und sich über dem Park der erste Schimmer des neuen Tages zeigte, verlosch der Fisch im Wasser des Glases und war dann am Morgen so klein und schwarz wie immer.

Als der Frühling bevorstand und die Sonne durch die Wolken brach, wurde der Schneefisch krank. Wunden bedeckten seine Seiten, und ein zarter Flaum, weich wie das Fell der unbekannten Tiere, wuchs auf seinem Leib und verschlang seine Schuppen, die schließlich aufhörten zu leuchten. Und je mehr die Kraft der Sonne zunahm, um so deutlicher sah man, dass der Fisch sterben würde. Jetzt blieb es nachts dunkel in der kleinen Schlafkammer. Man hörte, wie der Fisch an die Wasseroberfläche kam, vielleicht um nach Luft zu schnappen, die ihm unten fehlte. Der Junge badete ihn in Salzwasser, wie der ältere Wärter ihm empfohlen hatte, aber das Schneelicht kehrte nicht wieder. Und an dem Tag, an dem, pünktlich nach dem Kalender, der Frühling kam, sah der Junge, dass sein Fisch nicht mehr in dem Glas war. Da er ihn in anderen Nächten im Wasser hatte springen hören, meinte er, der Fisch sei wohl wieder zum Teich zurückgekehrt. Nie wieder sah er jene Eisflüsse, nie wieder die Dörfer mit den Schuppendächern, nie wieder Herden unbekannter Tiere mit kunstvoll gewundenen Hörnern.

Belgien	3
Dänemark	13
Deutschland	24
Finnland	34
Frankreich	43
Griechenland	54
Großbritannien	67
Irland	80
Italien	89
Luxemburg	102
Niederlande	110
Österreich	119
Portugal	130
Schweden	140
Spanien	150

Bildnachweis:
Bildarchiv der Österreichischen Nationalbibliothek: Seiten 8, 19, 31, 39, 48, 49, 75, 85, 97, 135, 155
Jan Swinkels: Seite 115, **Roine Karlsson:** Seite 145, **Austria Presse Agentur:** Seite 107 (Pfarrhofer), 125 (dpa)

Quellennachweis:
Marc de Bel/Mie Buur: Die Buhbuks und die Zuckerspinne; Übers. Silke Schmidt; Anrich, Weinheim 1995
Cecil Bødker: Silas; Übers. Gerda Neumann; Verlag Sauerländer, Aarau
Josef Guggenmos: Es ist viele Jahre her; aus: Katzen kann man alles sagen; Beltz&Gelberg, Weinheim/Basel 1997
Marjaleena Lembcke: Mein finnischer Großvater; Verlag Nagel & Kimche, Zürich/Frauenfeld 1993
Agnès Desarthe: Reim für mich, dann küss ich dich!; Übers. Eva Ludwig; Fischer Taschenbuch Verlag, Frankfurt/M. 1998
Menelaos Lundemis: Sankt Basilios; Übers. Isidora Rosenthal-Kamarinea; aus: Dichter Europas erzählen Kindern; Gertraud Middelhauve Verlag, München 1972
Roald Dahl: Matilda; Übers. Sybil Gräfin Schönfeldt; Rowohlt Verlag, Reinbek 1989
Patricia Lynch: Pat O'Brian und die Zaubermelodie; Übers. Ursula Thiele und Olaf Hille; Olaf Hille Verlag, Hamburg 1996
Bianca Pitzorno: Die unglaubliche Geschichte von Lavinia; Übers. Bettina Dürr; Elefanten Press, Berlin 1997
Jhemp Hoscheit: Was willst du später werden?; Übers. Nico Wirth; abgedruckt mit freundlicher Genehmigung des Autors.
Joke van Leeuwen: Deesje macht das schon; Übers. Mirjam Pressler; Beltz&Gelberg, Weinheim/Basel 1994
Christine Nöstlinger: Echt Susi; DachsVerlag, Wien 1988
Alice Vieira: Die Augen von Ana Marta; Übers. Nicolai von Schwede-Schreiner; Fischer Schatzinsel, Frankfurt/M. 1997
Jujja und Thomas Wieslander: Mama Muh und die Krähe; Übers. Angelika Kutsch; Verlag Friedrich Oetinger, Hamburg 1995
Jesús Fernández Santos: Der Schneefisch; Übers. Helmut Frielinghaus; aus: Dichter Europas erzählen Kindern; Gertraud Middelhauve Verlag, München 1972

Wir haben uns bemüht, alle Rechte zu berücksichtigen.
Sollte uns ein Fehler unterlaufen sein, bitten wir Sie, uns zu benachrichtigen.

Landeskunde: Franz Derdak
Kulinarisches: Elisabeth Groh
Reportagen: Christiane Holler, Franz Severin Berger
Auswahl der Textstellen auf den Seiten 10ff, 21ff, 33, 41f, 51ff, 76ff, 87ff, 99ff, 116ff, 137ff, 146ff: Österreichisches BibliotheksWerk (Martina Lainer) und Bibliotheksreferat der Erzdiözese Salzburg (Christina Repolust)
Illustrationen: Christian Brandtner

Gesetzt nach den Regeln der neuen deutschen Rechtschreibung.

© 1998 Dachs-Verlag GmbH, 1. Auflage Juli 1998, 2. Auflage September 1998
A-1220 Wien, Biberhaufenweg 100/38
Druck und Bindung: Druckerei Theiss GmbH, Wolfsberg
Alle Rechte vorbehalten.

ISBN 3-85191-149-0
98 09 34 / 50 / 2

So funktioniert die Europäische Union

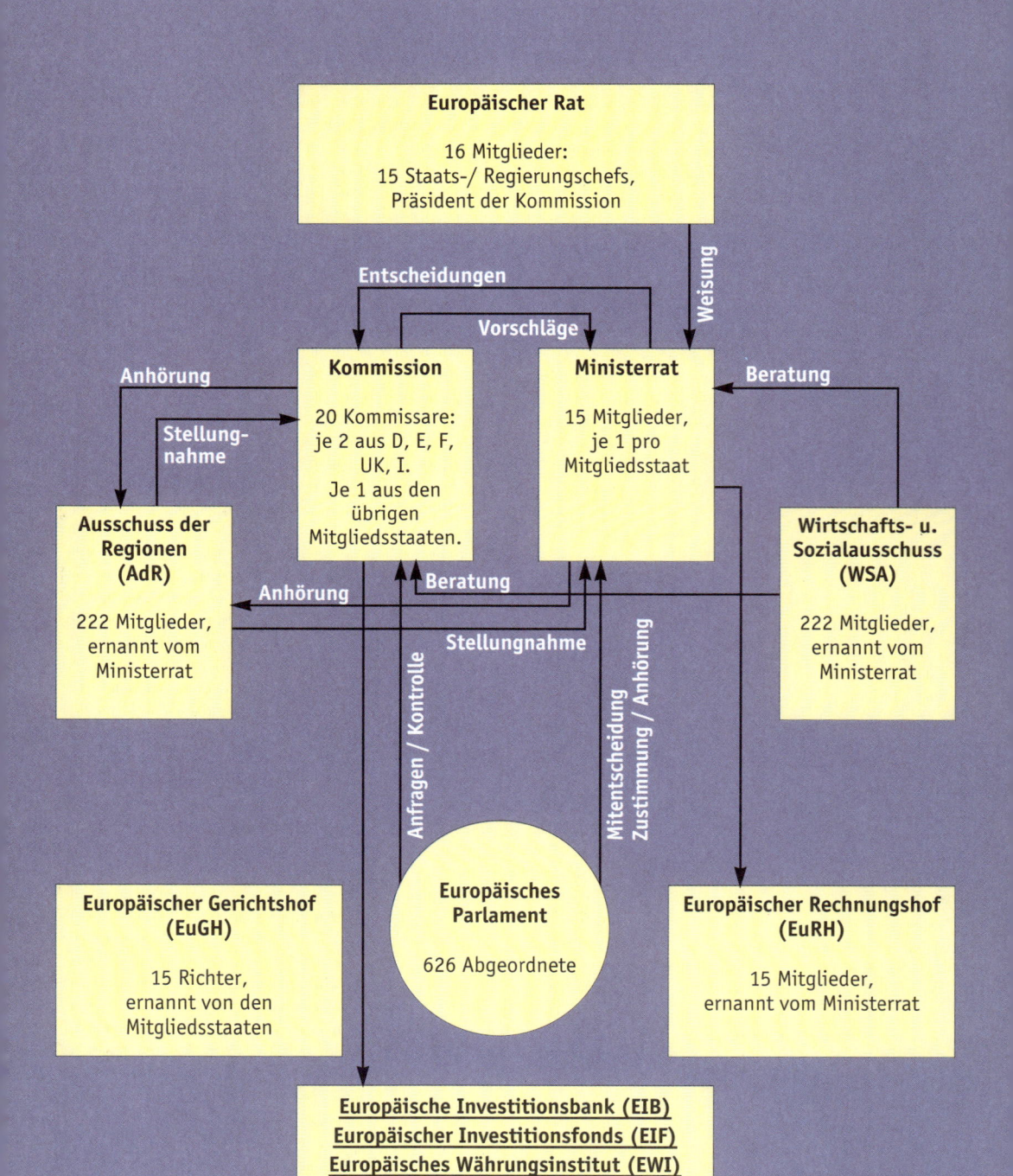

Europäischer Rat

16 Mitglieder:
15 Staats-/ Regierungschefs,
Präsident der Kommission

↓ Entscheidungen ↑ Vorschläge ↓ Weisung

Kommission

20 Kommissare:
je 2 aus D, E, F,
UK, I.
Je 1 aus den
übrigen
Mitgliedsstaaten.

Ministerrat

15 Mitglieder,
je 1 pro
Mitgliedsstaat

← Anhörung → Stellungnahme

← Beratung

Ausschuss der Regionen (AdR)

222 Mitglieder,
ernannt vom
Ministerrat

→ Anhörung ← Beratung Stellungnahme

Wirtschafts- u. Sozialausschuss (WSA)

222 Mitglieder,
ernannt vom
Ministerrat

Anfragen / Kontrolle — Mitentscheidung Zustimmung / Anhörung

Europäischer Gerichtshof (EuGH)

15 Richter,
ernannt von den
Mitgliedsstaaten

Europäisches Parlament

626 Abgeordnete

Europäischer Rechnungshof (EuRH)

15 Mitglieder,
ernannt vom Ministerrat

Europäische Investitionsbank (EIB)
Europäischer Investitionsfonds (EIF)
Europäisches Währungsinstitut (EWI)
Europäische Umweltagentur (EUA)
EU-Strukturfonds

seiner Zugehörigkeit zu Schweden.

1863: Der finnische Landtag konnte erst nach 1863 wieder regelmäßig zusammentreten. Russland betrieb nach 1880 eine starke Russifizierungspolitik, dem Landtag wurden Schwierigkeiten gemacht, das finnische Heer wurde 1901 aufgelöst.

1905: Nach Russlands Niederlage gegen Japan 1905 erzwang der finnische Nationalstreik eine Verfassung mit allgemeinem Wahlrecht.

1917: Am 6. 12. 1917 erklärte der Landtag Finnland für unabhängig.

1918: Kämpfe zwischen Kommunisten und Bürgerlichen brachen aus. General C. G. Mannerheim schlug die Kommunisten im Mai.

1919: Am 21. 6. 1919 wurde Finnland Republik und K. J. Ståhlberg ihr erster Präsident. Die Sowjets mussten die finnische Unabhängigkeit anerkennen und Ostkarelien innere Autonomie garantieren.

1930: Da die Bedrohung durch Moskau bestehen blieb, erzwang der Bauernmarsch (Lappobewegung) nach Helsinki die Ausschaltung der Kommunisten aus dem innenpolitischen Leben.

1939/1940: Die Sowjetunion provozierte einen Krieg (Winterkrieg), in dem Finnland unterlag. Im Frieden von Moskau am 12. 3. 1940 musste Finnland die Karelische Landenge, Teile Ost-Finnlands, die Küsten des Ladogasees und Hanko abtreten.

1941 - 1944: Finnland kämpfte auf deutscher Seite gegen die Sowjets, fiel jedoch 1944 vom deutschen Bundesgenossen ab. Am 19. 9. 1944 schloss Finnland einen Waffenstillstand. Finnlands Selbständigkeit konnte dadurch bewahrt werden.

1947: Im Frieden von Paris erkannte Finnland die Grenze von 1940 und die Abtretung von Petsamo (mit Nickelgruben) an die Sowjetunion an.

1948: Finnland schloss einen Freundschafts- und Beistandspakt mit der UdSSR, an dem sich die finnische Außenpolitik in der Folgezeit orientierte.

1955: Finnland wurde Mitglied des Nordischen Rates und der UNO.

1956: Die UdSSR gab Porkkala zurück. In der Folgezeit entwickelte sich Finnland zu einem modernen Industrie- und Wohlfahrtsstaat.

1992: Nach dem Ende der UdSSR und der Auflösung des Vertrages von 1948 begann für Finnland eine neue Epoche in der Außenpolitik.

1994: Der Sozialdemokrat M. Ahtisaari wurde zum Staatspräsidenten gewählt.

1995: Finnland trat der EU bei. Zentrumspartei (bis 1965 Bauernbund), konservative Sammlungspartei und Sozialdemokraten sind die beherrschenden Kräfte in der finnischen Innenpolitik. Ministerpräsident ist seit 1995 der Sozialdemokrat P. Lipponen.

Politik

Finnland ist eine parlamentarisch-demokratische Republik mit starker Position des Staatspräsidenten. Er wird für maximal zwei Amtszeiten direkt vom Volk gewählt. Der Staatspräsident hat u. a. das Recht der Gesetzesinitiative. Er kann beträchtlichen Einfluss auf die Außenpolitik nehmen und ist Oberbefehlshaber der Streitkräfte.
Die Regierung ist dem Parlament verantwortlich. Das Vielparteiensystem und die Mehrheitsverhältnisse zwingen stets zur Bildung von

Koalitionsregierungen bzw. Minderheitskabinetten.
Als erstes europäisches Land führte Finnland schon 1906 das Frauenwahlrecht ein. Eine der wichtigsten Parlamentsparteien sind die 1899 gegründeten Sozialdemokraten; sie sind gemäßigt sozialistisch, ihre Anhänger kommen vorwiegend aus den Industriegebieten im Süden und Westen. Der Bund der Linken wurde 1990 als Sammelbecken für Linkssozialisten und Kommunisten gegründet. Die Zentrumspartei (1906 als Bauernbund gegründet) wendet sich vor allem an den städtischen Mittelstand. Die Konservativen (Nationale Sammlungspartei) vertreten mit ihrem Engagement für freies Unternehmertum und Privatinitiative besonders die Interessen der Großindustrie. Die Schwedische Volkspartei hat ihre Wähler in der schwedischen Minderheit. Ökologische Fragestellungen sind Hauptanliegen der Grünen.

Kulinarisches

Alle Gäste Finnlands kommen zurück in ihre Heimat und berichten von einer Urlandschaft, der sie im Norden begegnet sind. Sie sagen: „... im Herbst, wenn du im Wald ganz still bist, kannst du das Rufen des Kuckucks vom nächsten Frühjahr hören ..."
Viele von ihnen sind schon „süchtig" geworden und fahren immer wieder hin.
Helsinki ist eine Hauptstadt ohne Patina.
Ganz einfach mit der Straßenbahn macht man die erste Stadtbesichtigung - übrigens: so geht's auch in anderen Städten am besten! Überall laden Saunas zur Erholung ein - angeblich gibt es mehr Saunas als Autos in Finnland. In der heißen Luft der Sauna werden Geist und Seele erfrischt, und der Körper verspürt bald Hunger. Das *smörgasbord* (s.S.142) heißt hier *voleipapöyta* (Das Finnische ist für Ausländer - also alle Nichtfinnen - ein Zungenbrecher. Diese Sprache ist in Europa nur mit dem Ungarischen verwandt!). Auch hier tummeln sich köstliches frisches Meeresgetier und Fische aus über 1.000 Seen auf den Platten und in den Schüsseln.
Die Finnen sind der Meinung: „Wenn du Lachs hast, brauchst du sonst keinen Fisch."
Nirgends erwarten die Menschen den Sommer mit größerer Freude als in Finnland.